초등학생을 위한 요리과학 실험실

과학 개념이 한입에 쏙 들어오는 탐구활동 교과서

정주현 과학원리 감수 | 김해진 요리실험 감수

하이쟝

그린이 **민재회**
건국대학교 대학원에서 동화미디어창작학과 박사 과정을 수료했으며 프리랜서 일러스트레이터로 활동하고 있습니다.
그린 책으로는 《EBS 어린이 지식ⓒ》《교과서에 나온 구비구비 전래동화》《내 인생을 바꾼 책》 등이 있습니다.

사진 **스튜디오트레이** @studio_tray

초등학생을 위한 요리 과학실험실
과학 개념이 한입에 쏙 들어오는 탐구활동 교과서

1판 1쇄 펴낸 날 2020년 4월 10일
1판 3쇄 펴낸 날 2023년 5월 25일

지은이 | 어린이요리과학스쿨
감　수 | 정주현, 김해진

펴낸이 | 박윤태
펴낸곳 | 보누스
등　록 | 2001년 8월 17일 제313-2002-179호
주　소 | 서울시 마포구 동교로12안길 31 보누스 4층
전　화 | 02-333-3114
팩　스 | 02-3143-3254
블로그 | http://blog.naver.com/vikingbook

ISBN 978-89-6494-431-8　73400

ⓒ 도서출판 보누스, 2020
• 이 책은 저작권법에 의해 보호를 받는 저작물이므로 무단전재와 무단복제를 금합니다.
　이 책에 수록된 내용의 전부 또는 일부를 재사용하려면 반드시 도서출판 보누스의 서면동의를 받아야 합니다.

바이킹은 도서출판 보누스의 어린이책 브랜드입니다.

• 책값은 뒤표지에 있습니다.

이 책을 읽는 여러분께

요리에 과학이 숨어 있어요!

'과학'이라는 단어를 들으면 어떤 생각이 드나요? 재미없고 어려운 단어가 가득한 과목이라고 생각한다고요? 하지만 과학은 교과서 속에만 있는 게 아니에요. 우리가 쓰는 책상부터 의자, 연필까지 모두 과학입니다. 우리가 모르고 지나칠 뿐이지요. 우리가 먹는 음식에도 과학이 숨어 있어요. 음식과 과학이 무슨 상관이냐고요? 끓이고, 얼리고, 녹이는 모든 요리가 과학이랍니다!

책에 나온 요리를 따라 만들다 보면 자연스레 과학이 쉬워질 거예요. 물이 얼음으로 바뀌고, 우유가 치즈로 변하는 과정에 숨은 과학이 보일 테니까요. 교과서로 배워 재미없고 딱딱한 과학을 즐거운 실험으로 즐길 수 있지요.

요리하면서 과학 원리를 익히면 기억에도 오래 남고 다른 요리를 할 때 응용해서 떠올릴 수 있어요. 그림으로 원리를 더 쉽게 이해할 수 있답니다. 실험을 마치고 맛있는 음식도 먹을 수도 있으니 일석이조네요!

학교에서 과학을 공부할 때도 책에 나온 용어와 원리를 보면 과학이 더 쉽고 재미있게 느껴지지 않을까요? 과학은 딱딱하고 어려운 공부가 아니라 주위를 둘러보면 어디든 존재하는 놀이이자 생활이라는 사실을 깨달았을 테니까요.

과학은 어렵고 재미없다고요? 직접 요리를 하면서 과학 원리를 파악하면 과학이 재미있어질 거예요. 꼭 책에 나온 순서대로 요리하지 않아도 괜찮아요. 좋아하는 요리를 골라 먼저 시작해도 된답니다. 자, 이제 요리에 어떤 과학이 숨어 있는지 알아볼까요?

차례

이 책을 읽는 여러분께 ·· 3
이 책의 활용법 ·· 6
요리 도구는 이렇게 다뤄요 ·· 8
요리 재료는 이렇게 다뤄요 ·· 10
요리 과학실험실 안전 수칙 ·· 12

1교시
부풀고 포그라드는 음식의 비밀

폭신폭신 **야채술빵** ·························· 15
지글지글 **호떡** ······························ 19
아삭아삭 **오이 피클** ······················ 23
활짝 피어나는 **꽃차** ······················ 27
돌돌 말리는 **오징어 구이** ·············· 31
몽글몽글 **달걀찜** ··························· 35
쫀득쫀득 **고구마말랭이** ················· 39
옥수수 전분으로 만드는 **슬라임** ······ 43

2교시
변신하고 나타나는 요리의 마법

고소한 치즈 **또띠아 피자** ··············· 49
예쁜 **삼색 꼬마 김밥** ······················ 53
짭짜름한 **소금 캐러멜** ··················· 57
달콤한 **달고나** ······························ 61
달짝지근한 **사과잼** ······················· 65
든든한 **아보카도 덮밥** ··················· 69
보글보글 **중국식 달걀탕** ················ 73
우유로 만드는 **플라스틱 장난감** ······ 77

3교시

재료를 굳히고 변화시키는 불의 힘

알록달록 **무지개 볶음밥** ·········· 83
따끈따끈 **초코 컵케이크** ·········· 87
불그스름한 **새우 주먹밥** ·········· 91
바삭하면서 촉촉한 **군만두** ·········· 95
겉과 속이 뒤바뀐 **거꾸로 달걀** ·········· 99
달달한 **토마토 양파 볶음** ·········· 103

4교시

끊임없이 움직이는 액체의 변신

말랑말랑 **물방울 떡** ·········· 109
보석처럼 과일이 박힌 **아이스바** ·········· 113
입안을 톡 쏘는 **레몬 소다수** ·········· 117
예쁜 얼음을 넣은 **주스** ·········· 121
사각사각 **딸기 슬러시** ·········· 125
쫄깃쫄깃 **마시멜로 초코 퐁듀** ·········· 129
새콤달콤 **탕후루** ·········· 133
통통 튀어 오르는 **달걀 탱탱볼** ·········· 137

부록 과학 탐구활동을 즐겁게 할 수 있어요 ·········· 141

이 책의 활용법

달콤한 달고나

단원명 5학년 1학기 4단원 용해와 용액 | 핵심 용어 용해, 이산화탄소

 설탕이 녹았다가 굳었다가 변신을 반복하면 어느새 달고나로 바뀌어요! 여기에는 어떤 과학 원리가 숨어 있을까요?

재료
설탕, 식소다, 나무젓가락, 쇠국자, 쟁반, 가스레인지

요리 실험 제목
요리 실험의 제목이에요. 어떤 요리로 과학실험을 할지 기대되지요?

교과 연계
주제마다 초등 과학 교육 과정의 단원명을 연계했어요. 단원마다 중요한 단어를 뽑아 빠르게 단원의 핵심 개념을 파악할 수 있어요.

주의와 안내
물을 끓이거나 칼을 쓰는 등 위험한 요리 실험에는 '주의' 표시를 해 두었어요. 꼭 어른과 함께 실험하세요. 요리를 하는 다른 방법이나 팁도 알려 줘요.

재료
요리 과학실험에 필요한 준비 재료와 도구를 알 수 있어요. 재료의 양은 충분하게 준비하면 좋겠지요? 집에 있는 재료와 도구를 활용해 보세요.

만들어 볼까요?

사진을 보고 설명을 따라 하면 맛있는 요리 완성! 요리에 어떤 과학 원리가 숨어 있을지 궁금하지 않나요?

실험 도움말

요리할 때 알아두면 좋은 도움말이에요. 관찰할 부분이나 쉬운 요리 방법을 안내합니다. 조심해야 할 점도 적었으니 요리하면서 꼭 주의해요.

왜 그럴까요?

왜 색이 변하지? 어떻게 이런 모양이 나오지? 요리에 어떤 과학 원리가 작용했는지 재미있는 그림으로 알아보세요. 과학 원리가 머릿속에 쏙쏙 들어올 거예요.

과학이 쏙쏙!

요리 속 과학 원리가 적용되는 다른 상황을 살펴보면서 응용력을 키워요. 요리에 어떤 과학 원리가 있는지, 요리하면서 어떤 변화가 일어났는지도 알 수 있어요.

요리 도구는 이렇게 다뤄요

계량컵과 계량스푼

가루나 액체를 계량할 때는 재료를 컵이나 숟가락에 담아요. 계량컵이나 계량스푼이 없다면 밥숟가락이나 찻숟가락을 이용해도 좋아요.

얼마만큼 넣어야 할까요?

1큰술 : 밥숟가락으로 볼록하게 담은 양

1작은술 : 찻숟가락으로 볼록하게 담은 양

1컵 : 200mL

약간 : 엄지손가락과 집게손가락으로 잡히는 양

적당량 : 취향에 따라 조절하기

온도계

온도계를 잡을 때는 온도계의 빨갛고 둥그런 부분을 잡으면 안 돼요. 둥그런 부분에 입김도 닿지 않게 주의합니다. 온도를 잴 때는 온도계의 둥그런 부분을 넣고 온도계 속 빨간 액체가 멈춘 다음 재요. 또한 차가운 물에 담갔다가 뜨거운 물에 담는 등 온도 차이가 큰 곳에 연속해서 사용하면 깨질 수 있으므로 조심해요. 숫자가 바로 나오는 디지털 온도계를 사용해도 돼요.

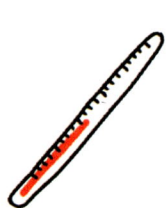

용기

뜨거운 음식을 담거나 전자레인지에 사용하는 용기는 미리 내열 용기인지, 전자레인지에 사용해도 되는지 확인해요. 전자레인지에 내열 용기가 아닌 그릇을 쓰면 뜨거운 열에 의해 깨질 수도 있답니다.

잼이나 피클처럼 발효하는 음식을 담을 때 쓰는 밀폐 용기는 사용하기 전에 뜨거운 물에 소독해서 말린 후 써요.

믹서

믹서처럼 날카로운 날이 있는 기기를 사용할 때는 손을 베일 수 있으니 조심해요. 믹서를 작동하기 전에는 뚜껑을 제대로 닫았는지 확인합니다.

더욱 간편하게 쓸 수 있는 핸드 믹서도 있어요. 그냥 믹서보다 간편하지만 날이 노출되어 있어 위험하니 어른과 함께 사용하세요.

저울

무게를 잴 때는 반드시 저울 침 끝을 0에 맞춘 후에 재료를 올려요. 재료를 접시나 컵 등에 담아 무게를 잴 때는 접시를 먼저 올린 후 다시 침 끝을 0으로 조정한 다음 재료를 올려 무게를 재요.

숫자가 바로 나오는 전자 저울을 사용한다면 더 편하게 무게를 잴 수 있겠지요?

요리 재료는 이렇게 다뤄요

채소와 과일

색깔이 선명하고 신선한 채소와 과일을 사용해요. 썩거나 상한 재료로 만들면 배탈이 나거나 요리가 맛도 없고 정확한 실험 결과가 나오지 않아요.

과일에는 식이섬유와 비타민, 미네랄이 풍부해서 소화를 돕고 피부를 좋게 만들어 줘요. 시금치, 당근과 같은 녹황색 채소에는 눈 건강에 좋은 베타카로틴뿐 아니라 에너지를 만드는 철분이 많아 몸을 건강하게 한답니다.

유제품

우유, 버터, 치즈와 같은 유제품은 쉽게 상하기 때문에 꼭 냉장 보관해요. 상한 유제품을 먹으면 배탈이 날 수 있으니 유통기한 이내에 써야 해요. 우유에는 충치 예방에 효과적인 칼슘과 카제인, 두뇌 발달에 좋은 갈락토스까지 영양소가 풍부하답니다.

초코 우유나 딸기 우유는 흰 우유보다 당과 지방이 많기 때문에 적당히 먹는 게 좋아요.

달걀

달걀은 냉장 보관하고, 유통기한 이내에 써야 해요. 요리에 따라 달걀 흰자와 노른자를 분리하라고 할 때는, 꼭 분리해서 써야 정확한 실험 결과를 볼 수 있어요. 달걀을 깨다가 껍질이 음식에 들어가면 숟가락으로 조심히 건지면 됩니다.

달걀은 단백질, 비타민 등 다양한 영양소를 갖춰 완전식품이라고도 한답니다.

다양한 영양소를 지닌 완전식품!

얼음

얼음처럼 차가운 재료를 맨손으로 만지면 피부가 붙거나 동상에 걸릴 수 있어요. 직접 얼음이 손에 닿으면 피부의 열을 뺏어 온도가 크게 떨어지기 때문이에요. 꽁꽁 언 얼음을 맨손으로 만지지 않도록 주의합니다.

양념 재료

설탕이나 소금, 간장 등을 사용할 때는 재료에서 안내하는 분량만큼 사용해요. 계량컵과 계량스푼을 사용하면 정확한 양을 맞출 수 있겠죠?

단맛을 좋아한다면 설탕을 1작은술 더 넣고, 좋아하지 않는다면 빼는 등 취향에 따라 양을 조절해도 좋아요.

요리 과학실험실 안전 수칙

1. 뜨거운 도구를 잡을 때 장갑을 사용해요
프라이팬·냄비 등 뜨거운 도구를 잡을 때는 장갑을 사용해 손이 데지 않도록 조심해요.

2. 조리 기기에 얼굴을 가까이 두지 않아요
전자레인지나 가스레인지로 요리할 때는 기름이 튀거나 수증기가 얼굴 쪽으로 확 몰릴 수 있으니 얼굴을 멀리 둬요.

3. 기름이나 물을 가열할 때는 어른과 함께해요
기름을 가열하거나 뜨거운 물을 사용할 때, 특히 기름과 물을 같이 쓸 때는 기름이 튀어 화상을 입을 수 있으니 꼭 어른과 함께해요.

4. 날카로운 도구를 조심해요
요리를 할 때 칼처럼 날카로운 도구를 사용할 때는 손가락을 베기 쉬우니 항상 천천히 따라 하거나 어른에게 부탁해요.

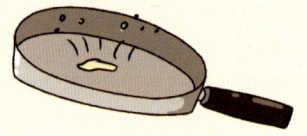

5. 바닥에 물을 흘리지 않아요
바닥에 물을 흘리면 미끄러져서 넘어지거나 양말이 젖을 수 있어요. 액체를 다룰 때는 최대한 조심하고, 흘렸을 때는 꼭 걸레로 바로 닦아요.

6. 설거지를 할 때는 고무장갑을 껴요
요리 실험을 마치고 뒷정리를 할 때는 꼭 고무장갑을 껴요. 맨손으로 설거지를 하면 그릇이 미끄러져서 떨어질 수도 있어요.

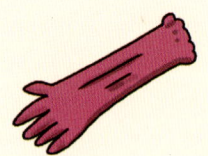

1교시
부풀고 쪼그라드는 음식의 비밀

요리에 숨은 과학 개념을 찾아라!

음식이 부풀고 쪼그라드는 데에는 다양한 과학 원리가 작용해요. 과학 원리를 이해하려면 여러 개념을 알고 있어야 해요. 요리실험을 하기 전에 미리 개념을 살펴봐요. 아래 개념을 따라 차근차근 읽다 보면 과학 원리가 쉽게 머릿속에 들어올 거예요.

 간장이나 된장은 어떻게 만들까요? 콩이 간장이나 된장으로 변하는 과정을 발효라고 한답니다. 눈에 보이지 않는 작은 미생물이 산소가 없는 상황에서 탄수화물에 붙어 변화를 일으키는 거지요. 간장과 된장 말고 또 어떤 발효 식품이 있을까요?

 지점토를 가지고 놀 때 나누고 또 나누고 반복한 적 있나요? 땅에 떨어진 지 오래된 낙엽이 썩는 모습을 본 적은요? 이 두 가지가 모두 분해랍니다. 분해의 종류는 다르지만요. 분해는 여러 방법으로 이루어지는데 보통 열이나 촉매처럼 분해를 돕는 것이 있을 때 일어나요.

 냄비에 물을 끓이다 보면 뜨거운 수증기가 올라오고 물의 양이 줄어들어요. 물이 수증기로 바뀌면서 날아가는 겁니다. 액체가 뜨거운 열에너지를 흡수해서 기체로 변하는 거지요. 액체가 기체로 바뀌는 현상을 기화라고 해요.

 소금이나 설탕을 찬물에 넣으면 사르르 녹아 사라져요. 그런데 밀가루를 찬물에 넣으면 가루가 물에 잘 녹지 않는답니다. 이렇게 물에 잘 녹지 않는 성질을 불용성이라고 해요. 그럼 반대로 물에 잘 녹는 성질은 뭐라고 부를까요? 소금과 설탕처럼 물에 잘 녹는 성질을 지닌 물체의 성질을 수용성이라고 합니다.

완벽하게 이해했다면 체크해요!

☐ 발효   ☐ 분해   ☐ 기화   ☐ 불용성·수용성

폭신 폭신 야채술빵

단원명 5학년 1학기 5단원 다양한 생물과 우리 생활 심화 | **핵심 용어** 발효, 효모

 막걸리로 빵을 만들 수 있어요! 바로 막걸리 속에 숨은 효모 덕분이지요. 효모는 어떤 역할을 할까요?

재료

중력분 400g, 생막걸리 2컵, 소금 $\frac{1}{2}$큰술, 설탕 1컵, 달걀 2개, 감자 $\frac{1}{2}$개, 당근 $\frac{1}{2}$개, 양파 $\frac{1}{2}$개, 볼 2개, 체, 찜기, 주걱, 면포, 거품기

주의! 어른과 함께해요.

막걸리가 반죽을 발효시켜요

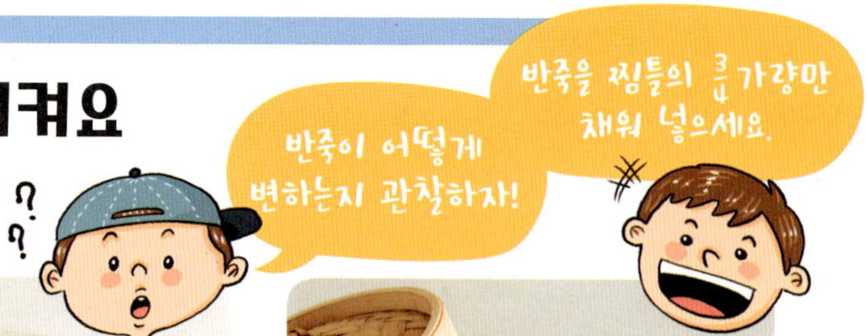

1 볼에 막걸리, 설탕, 소금을 넣고 설탕이 녹을 때까지 거품기로 저어요. 감자, 당근, 양파를 잘게 썰어요.

2 1에서 섞은 막걸리와 잘게 썬 야채, 달걀 2개, 체에 내린 중력분을 넣어 반죽이 되직해질 때까지 잘 섞어요. 반죽에 랩을 씌운 다음 따뜻한 곳에서 4~6시간 발효해요.

3 아래 찜기에 물을 충분히 넣고 끓여요. 물이 끓으면 위 찜기에 물에 적신 면포를 깔고, 그 위에 반죽을 천천히 부어요. 뚜껑을 닫고 약 20분 동안 중불로 끓인 후 젓가락으로 반죽을 찔렀을 때 반죽이 묻어나지 않으면 완성!

막걸리가 술빵을 부풀리는 원리는?

막걸리 속 효모가 발효를 도우면서 전분이 당으로 바뀌고, 당은 다시 알코올과 이산화탄소(탄산가스)로 분해돼요. 이산화탄소가 반죽에 갇혀 반죽이 부푼답니다.

나쁜 곰팡이, 좋은 곰팡이

곰팡이라고 하면 어떤 모습이 떠오르나요? 벽에 까맣게 피거나 잼에 하얗게 생기는, 건강에 나쁜 곰팡이가 먼저 생각난다고요? 지구에 존재하는 곰팡이는 무려 69,000종이랍니다. 이렇게나 많은 곰팡이가 모두 몸에 나쁜 영향을 끼치기만 할까요? 몸에 좋은 일을 하는 곰팡이도 있답니다. 세균 감염을 치료하는 최초의 항생제 '페니실린'을 만드는 '푸른곰팡이'가 대표적이에요.

술빵을 만드는 재료인 막걸리도 곰팡이를 이용해 만들어요. 막걸리를 만들기 위해서는 기본적으로 쌀, 물, 누룩이 필요합니다. 누룩이 뭐냐고요? 누룩은 바로 곰팡이를 곡류에 번식시킨 것이지요. 분쇄한 밀이나 쌀 등을 반죽해 모양을 만들고 적당한 온도에서 짚이나 쑥으로 덮어 썩지 않게 골고루 뒤집으며 곰팡이를 번식시켜 만들어요. 이렇게 만든 누룩 속 효모가 쌀 속 포도당을 알코올로 만들어 막걸리를 만드는 겁니다. 우리에게 도움을 주는 곰팡이는 또 무엇이 있을까요?

막걸리로 식초도 만들 수 있다고요?

막걸리는 쌀과 누룩이 만나 발효 과정을 거쳐서 알코올이 생겨난 것이지요. 여기서 더욱 발효를 진행하면 어떻게 될까요? 바로 초산 발효가 발생해 초산 전환이 일어납니다. 막걸리 식초가 되는 거예요!

*초산 발효 : 알코올을 산화시켜 아세트산을 만드는 성질을 지닌 초산균(아세트산균)에 의해 초산이 생기는 발효 현상.

 # 호떡

단원명 5학년 1학기 5단원 다양한 생물과 우리 생활 심화 | **핵심 용어** 발효, 이스트

 밀가루 반죽에 이스트를 넣어 보세요. 반죽이 부풀어 오르나요?
호떡은 이스트의 발효로 만들어진답니다!

재료
중력분 120g, 소금 2작은술, 설탕 4큰술, 이스트 2작은술, 계핏가루 1작은술, 검은깨 20g, 따뜻한 물 50mL, 식용유, 주걱, 접시, 프라이팬, 호떡 뒤집개, 거품기

주의! 어른과 함께해요.

19

말랑말랑 밀가루 반죽을 만들어 봐요

1 중력분에 소금, 설탕, 이스트, 따뜻한 물 50mL를 넣고 반죽이 말랑말랑해질 때까지 주걱으로 섞어요.

손에 식용유를 묻히는 대신 비닐장갑을 껴도 돼요.

2 설탕, 계핏가루, 검은깨를 섞어서 호떡 속을 만들어요. 손바닥에 식용유를 살짝 묻히고 반죽을 적당량 떼어 내 넓게 폅니다. 호떡 속을 반죽 가운데에 넣고 호떡 속이 보이지 않게 잘 오므려요.

호떡 속을 너무 많이 넣으면 호떡이 터져요!

3 식용유를 넣고 살짝 가열한 프라이팬에 호떡 반죽을 올리고 납작하고 둥그런 모양이 되도록 뒤집개로 눌러 줘요. 노릇노릇해질 때까지 뒤집으면서 구우면 완성!

밀가루 반죽을 기름 위에 올릴 때 기름이 튀지 않도록 조심하세요.

호떡 반죽에 넣는 이스트는 뭘까?

효모를 영어로 이스트(yeast)라고 해요. 빵을 부풀어 오르게 하거나 맥주를 만드는 '이스트'는 효모를 용도에 알맞게 따로 모은 것이랍니다. 맥주 효모는 현미경을 개발한 '레벤후크'가 처음 발견했답니다.

밀가루 반죽은 어떻게 부풀어 오를까요?

이스트가 밀가루 반죽을 부풀어 오르게 만드는 비밀이라고요?

　이스트의 어원은 그리스어로, '끓다'라는 뜻이 있어요. 이스트는 살아 있는 생명체랍니다. 산소가 있으면 호흡을 해서 세포를 증식합니다. 반대로 산소가 부족하면 증식을 멈추고 당분을 알코올과 이산화탄소로 분해해 생명을 유지하지요. 이 분해가 빵 반죽 안에서 이스트가 발효 작용을 일으키는 원리입니다. 이스트가 발생시킨 이산화탄소는 글루텐에 들어가서 가스의 팽창으로 반죽을 키워 부드러운 조직을 만들어요. 이스트로 발생한 알코올, 유기산 등은 빵을 더욱 맛있게 만들어 준답니다.

　이스트는 세 종류로 나눌 수 있습니다. 배양한 효모 상태 그대로인 생이스트, 분말 형태의 세미 드라이 이스트, 미세한 입자 형태로 장시간 보관할 수 있는 드라이 이스트(건조 효모)가 있어요. 드라이 이스트를 가장 쉽게 구할 수 있어 제일 많이 사용한답니다.

이스트를 넣었을 때와 넣지 않았을 때 반죽은 어떻게 다를까요?

호떡 재료를 두 배로 준비해 실험해 보자!

이스트를 넣었을 때 — 부풀었다!

이스트를 넣지 않았을 때 — 잠잠~

오이 피클

단원명 6학년 1학기 4단원 식물의 구조와 기능 | 핵심 용어 삼투압, 미생물

 피자나 파스타에 피클을 곁들여 먹어요. 피클의 상큼한 맛에 기분이 좋아지지요. 분홍색 피클을 본 적 있나요? 오이와 비트로 피클을 만들면 색도 예쁘고 맛도 좋아요!

재료

오이 2½개, 비트 ¼개, 물 300mL, 식초 200mL, 설탕 100mL, 소금 1작은술, 월계수잎 1장, 통후추 15알, 필러(감자칼), 칼, 냄비, 밀폐 용기

밀폐 용기는 미리 뜨거운 물을 부어 소독하고 말려 두어요.

피클을 담근 뒤 색의 변화를 관찰해요

뜨거운 물을 부을 때 조심해요!

1 오이와 비트를 깨끗이 씻은 후 오이는 한입 크기로, 비트는 필러로 껍질을 벗겨 4등분해 오이와 비슷한 크기로 만들어요.

2 냄비에 물, 설탕, 소금, 월계수 잎, 통후추를 넣고 저은 뒤 설탕과 소금이 녹을 때까지 중불에서 약 3분 동안 끓여요. 그다음 불을 끄고 식초를 넣어요.

3 밀폐 용기에 자른 비트와 오이를 넣고, **2**에서 만든 물을 부어요. 물이 완전히 식으면 뚜껑을 닫고 실온에 하루 두고 먹어요. 남은 피클은 냉장 보관해요.

오이를 푸글푸글하게 만드는 원리는?

삼투 현상은 농도가 다른 두 용액이 있을 때 물이 반투막을 지나 농도가 낮은 곳에서 높은 곳으로 이동하는 현상이에요. 양쪽 농도가 같아질 때까지 이동하지요.

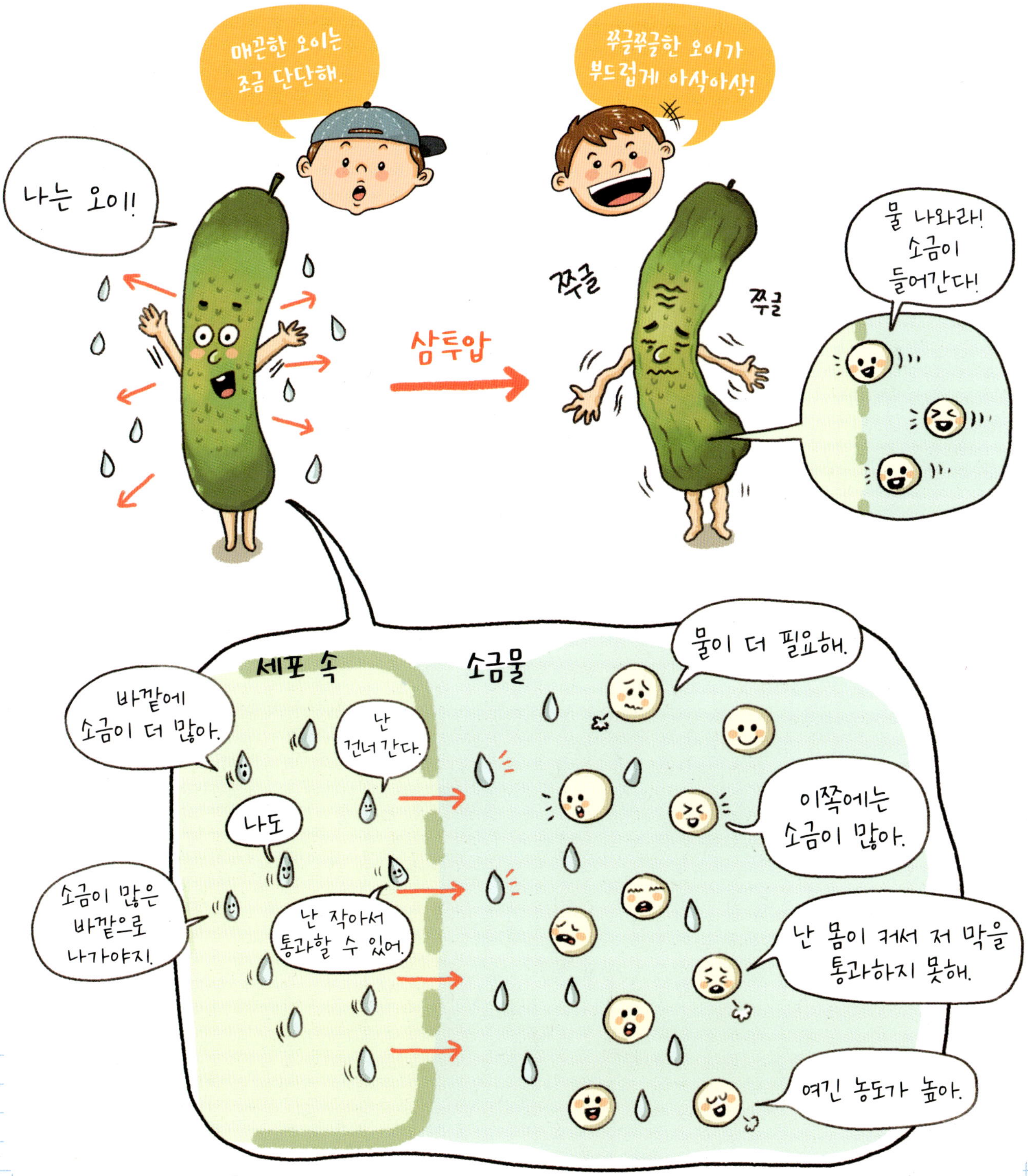

뜨거운 물로 어떻게 세균을 없앨까요?

끓는 물에 유리병을 소독하지 않으면 음식에 곰팡이가 생겨요.

세균은 눈에 보이지 않지만 지구 어디에서나 찾아볼 수 있지요. 손이나 핸드폰에서도 찾을 수 있어요. 지금까지 알려진 세균은 13,000종 이상이고 매년 600종 정도가 새롭게 발견된다고 합니다.

세균은 다른 생물에 붙어 병을 만들거나 발효나 부패 작용을 일으키기도 합니다. 세균 때문에 인간에게 발생하는 질병은 결핵, 콜레라, 폐렴, 충치 등 다양해요.

세균을 어떻게 없앨 수 있을까요? 세균은 보통 20~60도의 온도에서 살기 때문에 60도 이상의 온도를 가하면 살아남지 못해요. 음식을 담는 병에도 세균이 많기 때문에 60도 이상의 물에 소독해 세균을 없애고 음식을 보관해야 오래 안전하게 먹을 수 있답니다.

뜨거운 물로 밀폐 용기를 소독하는 이유는?

뜨거운 물로 소독하지 않으면 용기에 넣은 음식이 상할 수도 있어.

미생물이란?

'미생물'은 이름처럼 눈으로 볼 수 없을 만큼 작은 생물이에요. 미생물은 세균, 고세균, 곰팡이, 효모 등 종류가 여러 가지랍니다. 미생물은 음식을 통해 우리 몸으로 들어와 배탈 같은 병을 일으키기도 하지요. 건강을 위해서 밀폐 용기에 음식을 보관할 때는 꼭 뜨거운 물로 미생물을 제거해야겠지요?

활짝 피어나는 꽃차

단원명 6학년 1학기 4단원 식물의 구조와 기능 | 핵심 용어 삼투 현상, 팽압

 꽃차에 따뜻한 물을 부어 봐요. 와, 말랐던 꽃이 수분을 머금고 활짝 피어나요!
삼투 현상과 팽압 덕분에 꽃이 다시 피어나는 거랍니다.

재료 꽃차, 컵, 따뜻한 물

뜨거운 물을 부을 때 조심해요!

물속에서 꽃이 피어나는 모습을 관찰해요!

1 컵에 꽃차를 넣고 따뜻한 물을 부어요.

2 약 5분 동안 꽃차를 우리면 완성!

푸글푸글했던 꽃차가 활짝 폈어요!

삼투압은 삼투 현상(25쪽 참고)이 일어날 때 용매인 물이 농도가 진한 쪽으로 이동하기 위해 반투막을 미는 압력이에요. 팽압은 세포가 물을 흡수해 세포질 부피가 커졌을 때 세포막을 미는 압력입니다. 삼투압과 팽압이 같아지면 물이 이동하지 않아요.

손을 물에 오래 담그면 쭈글쭈글해지는 이유는?

몸에서 일어나는 삼투 현상

　삼투 현상이란 농도가 다른 두 액체를 반투막으로 막아 놓으면 양쪽 농도가 같아지기 위해서 농도가 낮은 쪽에서 농도가 높은 쪽으로 용매(물)가 이동하는 현상이에요. 반투막이란 아주 작은 구멍이 있는 막으로, 구멍보다 작은 분자는 통과시키지만 구멍보다 큰 분자는 통과시키지 않는 성질이 있어요. 채소나 꽃잎의 세포를 감싸는 세포막도 반투막이랍니다.

　삼투 현상은 식물 세포뿐만 아니라 동물 세포에도 일어나요. 우리 몸에도 일어나지요. 물에 손을 오래 담갔을 때 손이 쭈글쭈글해지는 게 바로 삼투압 현상 때문이에요. 목욕하거나 수영하면 농도가 높은 몸속으로 물이 들어오면서 피부가 불어요. 물이 들어왔는데 왜 부풀지 않고 쭈글쭈글해지는 걸까요? 손과 발의 바깥 피부 세포(표피)는 부풀었는데 안쪽 피부 세포(진피)와 피하 지방은 늘어나지 않아 그렇게 보이는 거랍니다.

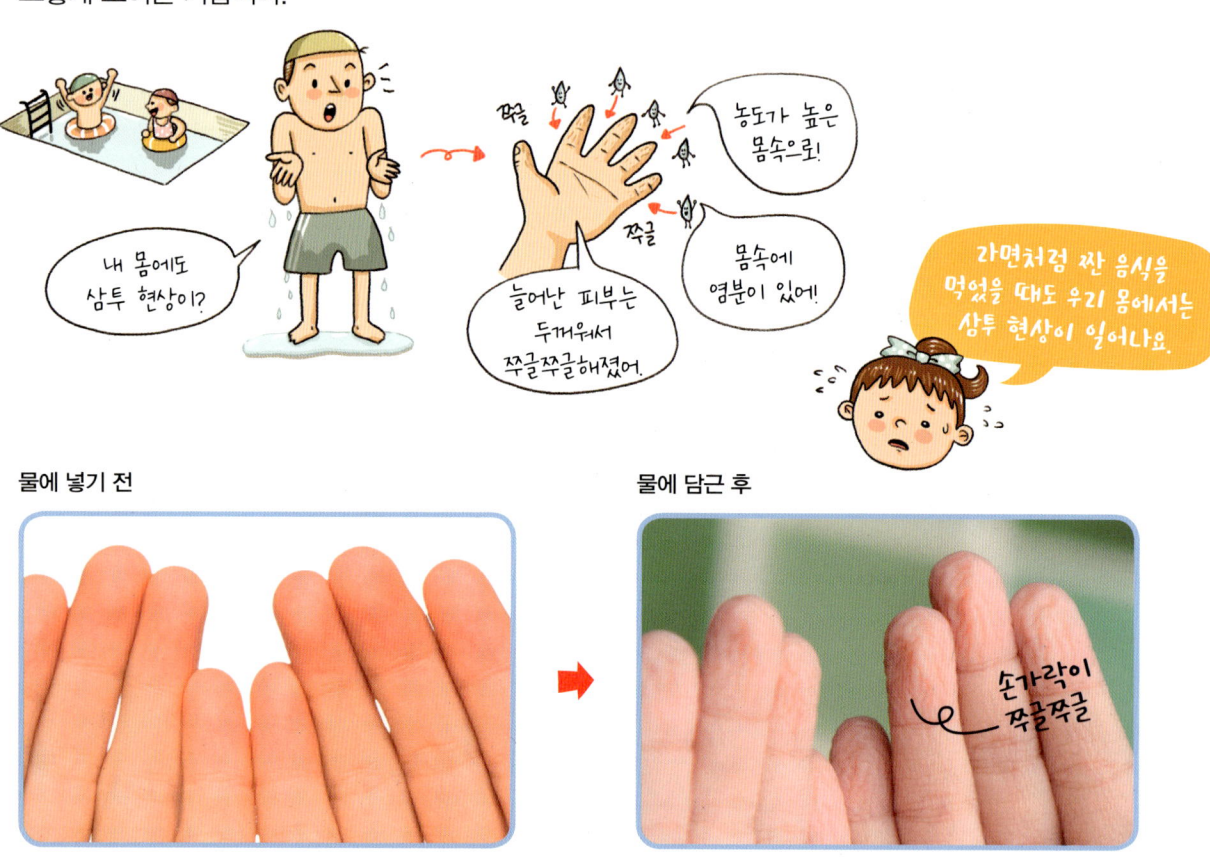

물에 넣기 전 → 물에 담근 후 (손가락이 쭈글쭈글)

돌돌 말리는 오징어 구이

단원명 3학년 2학기 4단원 물질의 상태 | 핵심 용어 수축, 열

오징어를 불에 구워 보면 돌돌 말려요. 잘 보면 한쪽 면으로만 말리네요. 그 이유는 무엇일까요?

재료
마른오징어 1마리, 가스레인지, 집게

주의! 어른과 함께해요.

오징어를 구우면 모양이 어떻게 변할까요?

오징어가 한쪽으로만 말리네?

1 마른오징어 가장자리를 집게로 잡고 가스레인지 불 위에 올려요.

2 마른오징어의 양쪽면을 골고루 구우면서 오징어가 구부러지는 모습을 관찰해요.

마요네즈와 함께 먹으면 더 맛있어요!

오징어를 구우면 왜 한쪽으로 말릴까요?

오징어 껍질은 네 층으로 이루어져 있는데, 요리할 때는 주로 겉에서 1, 2층까지 벗겨요. 그 다음 아래에 있는 3층은 가로 방향으로, 4층은 세로 방향으로 콜라겐 섬유가 나 있어요. 열을 가하면 3층과 4층의 섬유들이 엉켜 돌돌 말린답니다.

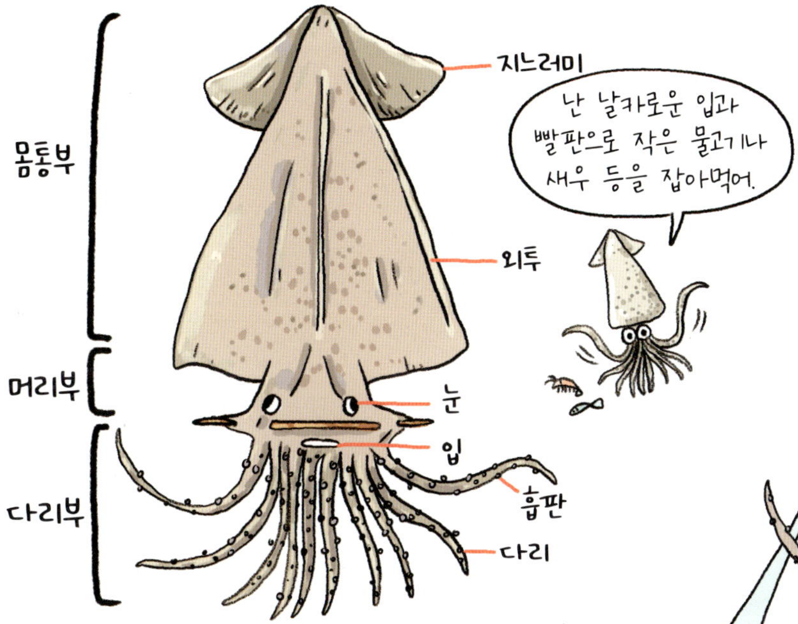

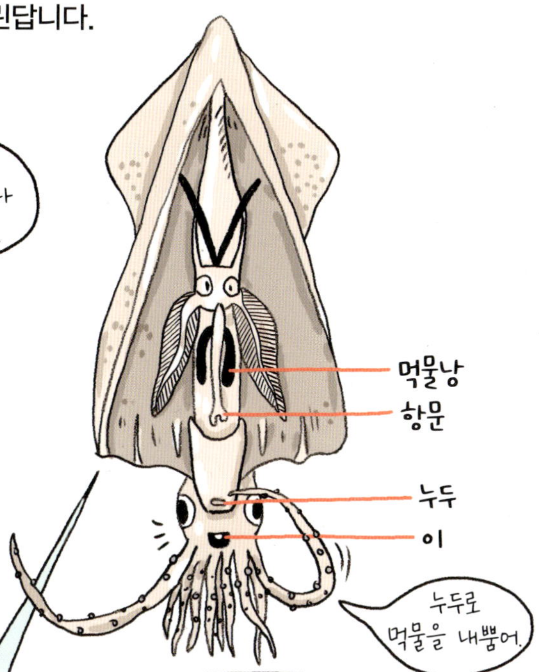

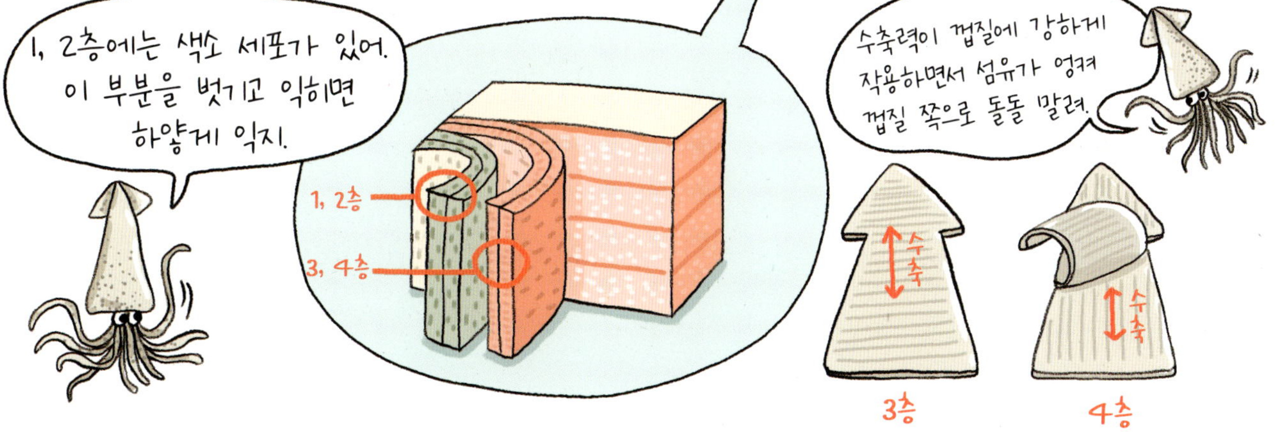

밤에 열을 가하면 터져 버려요!

밤을 구울 때 터트리지 않으려면 칼집을 내요.

밤의 알맹이는 수분을 지니고 있어요. 밤에 열을 가하면 밤 속에 있는 물 온도가 올라가 껍질 안에 있는 수분이 증발해 기체가 되고 수증기로 변하지요. 이런 상태를 기화라고 해요. 기화가 일어나면 물 분자 움직임이 활발해져 부피가 매우 커진답니다. 부피가 커지면 기체가 팽창하면서 압력이 높아져 밤 껍질이 터지고 말아요. 풍선에 바람을 자꾸 불어 넣으면 풍선이 계속 커지다가 결국 터져 버리는 것과 같다고 생각하면 돼요. 밤을 구울 때는 미리 껍질에 약간 칼집을 내 수분이 증발할 틈을 만들어야 안전하게 먹을 수 있답니다.

냄비에 밤을 넣고 30분 동안 구우면?

밤에서 열을 받은 부분의 수분이 증발하면서 터지는 거야.

터졌다!

굽기 전 　　　　　　구운 후

몽글 몽글 달걀찜

단원명 3학년 2학기 4단원 물질의 상태 | **핵심 용어** 대류, 응고

 달걀을 물과 함께 잘 풀어 끓이면 달걀이 부풀면서 맛있는 달걀찜이 돼요.
달걀물이 익으면서 몽글몽글 부풀어 오릅니다. 이렇게 달걀물이 부푸는 원리는 뭘까요?

재료
달걀 6개, 물 $\frac{1}{2}$컵(100mL), 소금 약간, 설탕 약간, 파 약간, 깨, 투명볼, 뚝배기, 가스레인지

주의! 어른과 함께해요.

달걀물을 끓이는 동안 무슨 일이 일어날까요?

1 투명볼에 달걀, 소금, 설탕, 물을 넣고 거품기로 잘 저어요.

2 달걀물을 뚝배기의 $\frac{4}{5}$만큼 채우고 가스레인지 위에 올려요. 중불로 끓이면서 계속 저어요.

3 달걀물이 고체가 될 듯 말 듯 몽글몽글해지면 뚜껑을 덮고 약불로 3분 정도 더 익혀요.

뚜껑을 열 때 반드시 장갑을 끼고, 뜨거운 김을 쐬지 않도록 조심해서 열어요!

달걀이 어떻게 부풀었지?

달걀찜은 왜 부풀어 오를까요?

달걀을 이루는 단백질은 열을 받으면 성질이 변해 단단하게 굳어요.
달걀물 속에 있는 수분은 열을 받으면 수증기로 변해 아래에서 위로 올라가지요.
수분이 달걀물까지 데리고 올라가면서 굳는 모양이 마치 부푸는 것처럼 보이는 거랍니다.

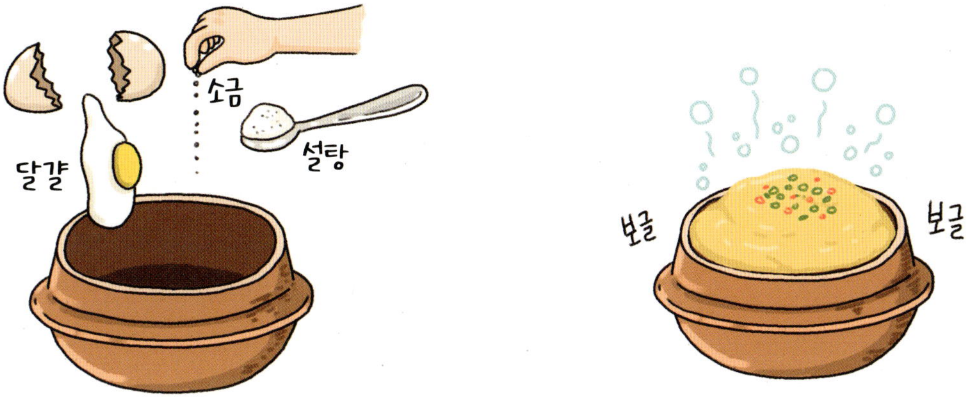

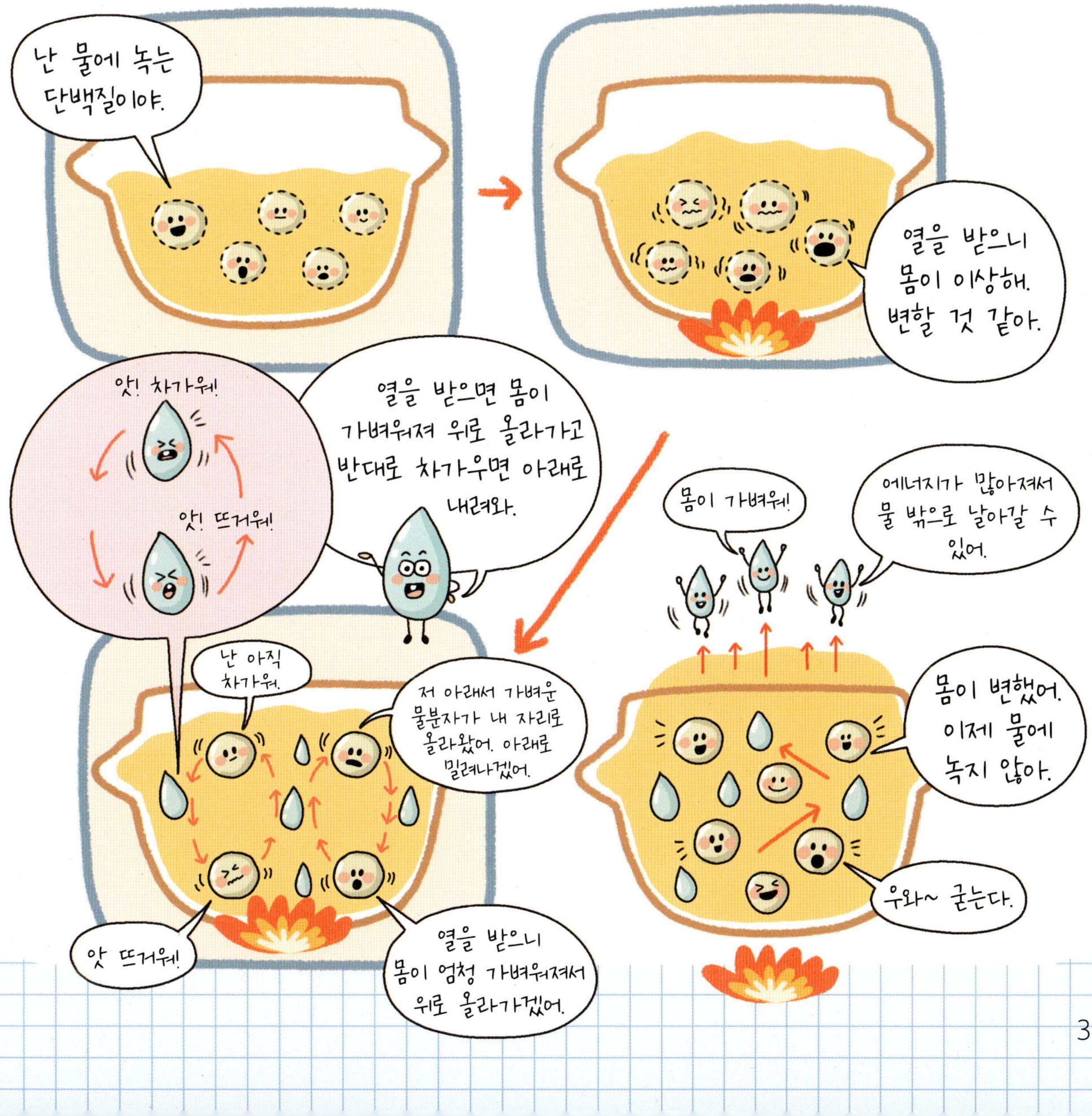

물을 많이 넣을수록
달걀찜이 크게 부풀까요?

물을 너무 많이 넣으면 달걀찜이 부풀지 않아요.

 달걀찜이 부푸는 이유는 달걀물 속 수분이 열을 받아 수증기로 변하기 때문이에요. 수증기가 아래에서 위로 올라가면서 가벼운 달걀물까지 데리고 올라가면서 달걀찜이 부풀어 오릅니다. 달걀을 이루는 단백질이 열에 의해 익으면서 모양이 안정적으로 굳어지는 거예요. 달걀찜에 넣는 설탕과 소금이 달걀찜을 더 잘 굳게 만드는 역할을 합니다.

 그렇다면 물을 많이 넣을수록 달걀찜이 크게 부풀까요? 물을 많이 넣으면 수분이 많아지니 그렇게 생각할 수도 있겠네요. 하지만 물을 너무 많이 넣으면 오히려 부풀지 않는답니다. 물을 너무 적게 넣으면 수증기 양이 적어서 부풀지 않지만, 물을 너무 많이 넣어도 수증기가 무거워서 부풀지 않아요. 맛있는 달걀찜을 먹으려면 물을 적당히 넣어야겠네요.

물의 양이 달걀찜에 끼치는 영향

물을 적게 넣었을 때 | 물을 많이 넣었을 때

부풀려면 물의 양이 중요해!

# 고구마말랭이

단원명 4학년 2학기 2단원 물의 상태 변화 | **핵심 용어** 건조, 수축, 열

 찐 고구마를 말리면 쫀득해져요. 햇볕에 하루 이틀 두어 말려도 고구마말랭이를 만들 수 있지만 전자레인지를 쓰면 더 빨리 만들 수 있지요. 찐 고구마를 말리면 어떤 변화가 생길까요?

재료 고구마 3~4개, 찜틀, 오목한 그릇(전자레인지용), 칼, 종이호일, 전자레인지, 전자레인지용 음식덮개

고구마는 찐 다음에 껍질을 벗겨요.

고구마말랭이를 쉽고 빠르게 만드는 방법을 알아봐요!

전자레인지에 쉬지 않고 돌리면 고구마가 많은 열을 한꺼번에 받아 탈 수 있어요.

1 고구마를 쪄서 식힌 후 껍질을 벗겨요.

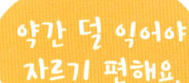

약간 덜 익어야 자르기 편해요.

2 찐 고구마를 먹기 좋게 잘라 접시에 종이호일을 깔고 가지런히 올려요. 고구마를 자를 때는 꼭 어른과 함께해요!

3 덮개를 덮고 2분간 돌린 후 꺼내 1분간 식혔다가 다시 2분간 돌려요. 다섯 번 정도 반복하면 쫀득한 고구마말랭이가 완성! 고구마를 전자레인지에 돌리고 꺼낼 때 반드시 장갑을 껴요!

고구마말랭이는 어떻게 쫀득쫀득해질까요?

고구마를 이루는 전분은 다당류예요. 당이 많아서 단맛이 나지요. 찐 고구마를 말리면 수분이 빠져나가고 당은 남으면서 더 달아져요. 다당류는 입속에서 효소를 만나 단당류로 분해되어 먹을 때 단맛이 강해집니다.

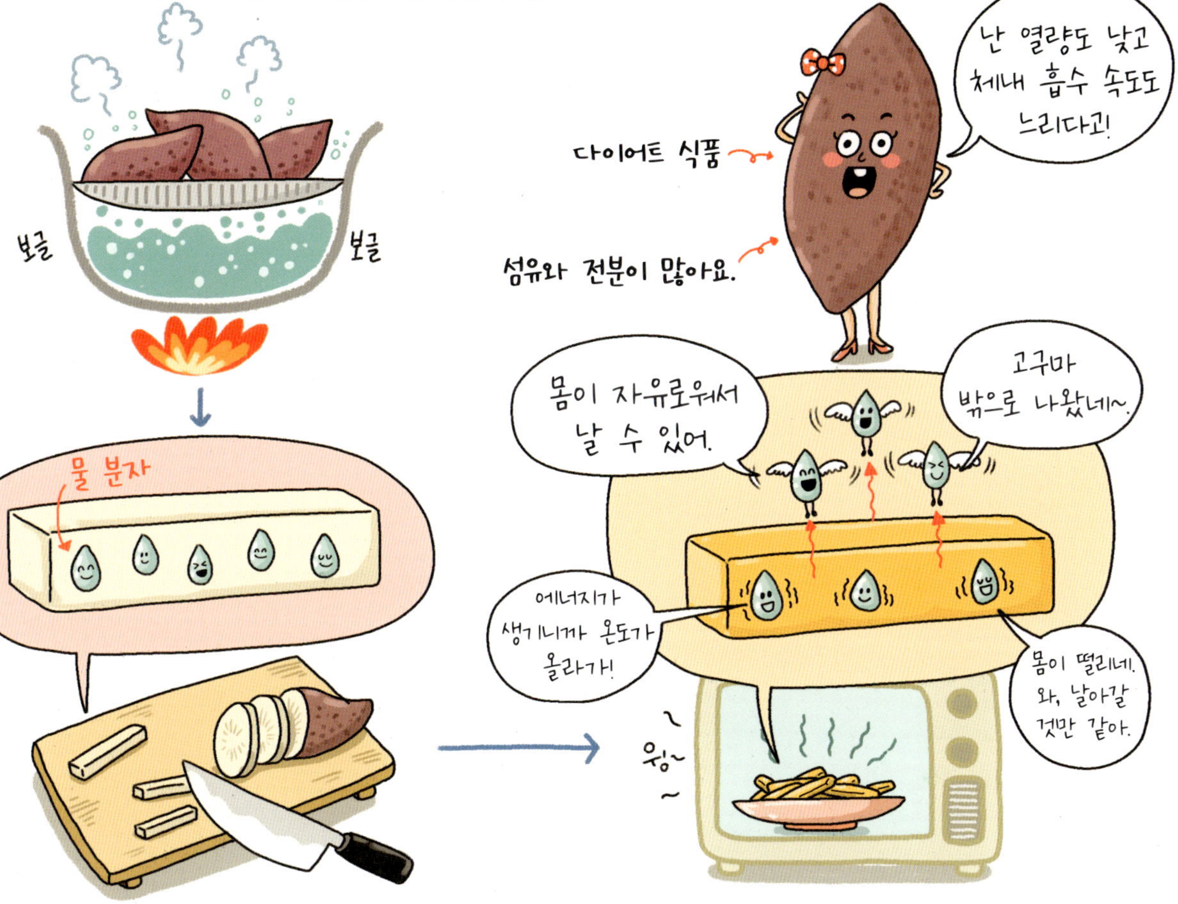

41

고구마말랭이가 찐 고구마보다 가벼운 이유

찐 고구마를 그대로 말렸을 뿐인데 무게가 가벼워져요.

생고구마는 수분 함량이 65~70% 정도예요. 고구마를 찌면 고구마에 수분이 더해져 무거워져요. 찐 고구마에 열을 가하면 고구마 속 수분이 기화되어 날아갑니다. 고구마말랭이를 만들 때 전자레인지에 돌리다가 꺼내서 식히는 이유도 수분이 더욱 잘 날아가게끔 하기 위해서예요.

찐 고구마 속 수분이 빠져나갈수록 고구마의 무게가 가벼워집니다. 고구마말랭이가 찐 고구마보다 무게가 덜 나가는 이유는 수분이 더 적기 때문이지요. 같은 양에 수분은 더 적고 당은 그대로라 먹을 때 더 달게 느껴지는 거랍니다.

찐 고구마를 말리기 전과 말린 후의 무게와 부피는 얼마나 차이 날까요?

와, 무게도 양도 줄었는데 맛과 영양은 진해졌어!

말리기 전 → 말린 후

슬라임

옥수수 전분으로 만드는

단원명 4학년 2학기 2단원 물의 상태 변화 | 핵심 용어 고체, 액체

 부엌에서 옥수수 전분으로 만드는 슬라임!
옥수수 전분에 물을 섞으면 액체와 고체를 왔다 갔다 하는 이유는 무엇일까요?

재료
옥수수 전분 150g, 물 1컵(110mL), 식용색소, 볼, 숟가락, 주걱

옥수수 전분이 바닥에 떨어지지 않게 신문지를 깔아 놓고 실험해요!

옥수수 전분으로 슬라임을 만들어요!

물을 한거번에 많이 넣으면 안 돼요.

1 큰 볼에 옥수수 전분과 물, 식용 색소를 넣고 휘저어요.

2 반죽이 조금 빡빡해질 때까지 물과 옥수수 전분을 조금씩 조절해 넣으면서 섞어요. 만졌을 때 액체와 고체가 번갈아 나타나면 슬라임 완성!

좋아하는 색을 골라 만들어요!

말랑했다가 단단해지는 슬라임의 비밀은?

옥수수 전분에 물을 섞으면 물 분자가 옥수수 전분 분자 사이로 돌아다니면서 전분 분자 간격이 벌어져요. 이때 슬라임이 액체처럼 변합니다. 반면 반죽을 세게 때리면 압력 때문에 물 분자가 전분 분자 사이에 꽉 끼어 단단하게 뭉쳐요. 이때 슬라임은 고체처럼 변하지요. 압력이 줄어들면 다시 액체 상태로 돌아갑니다.

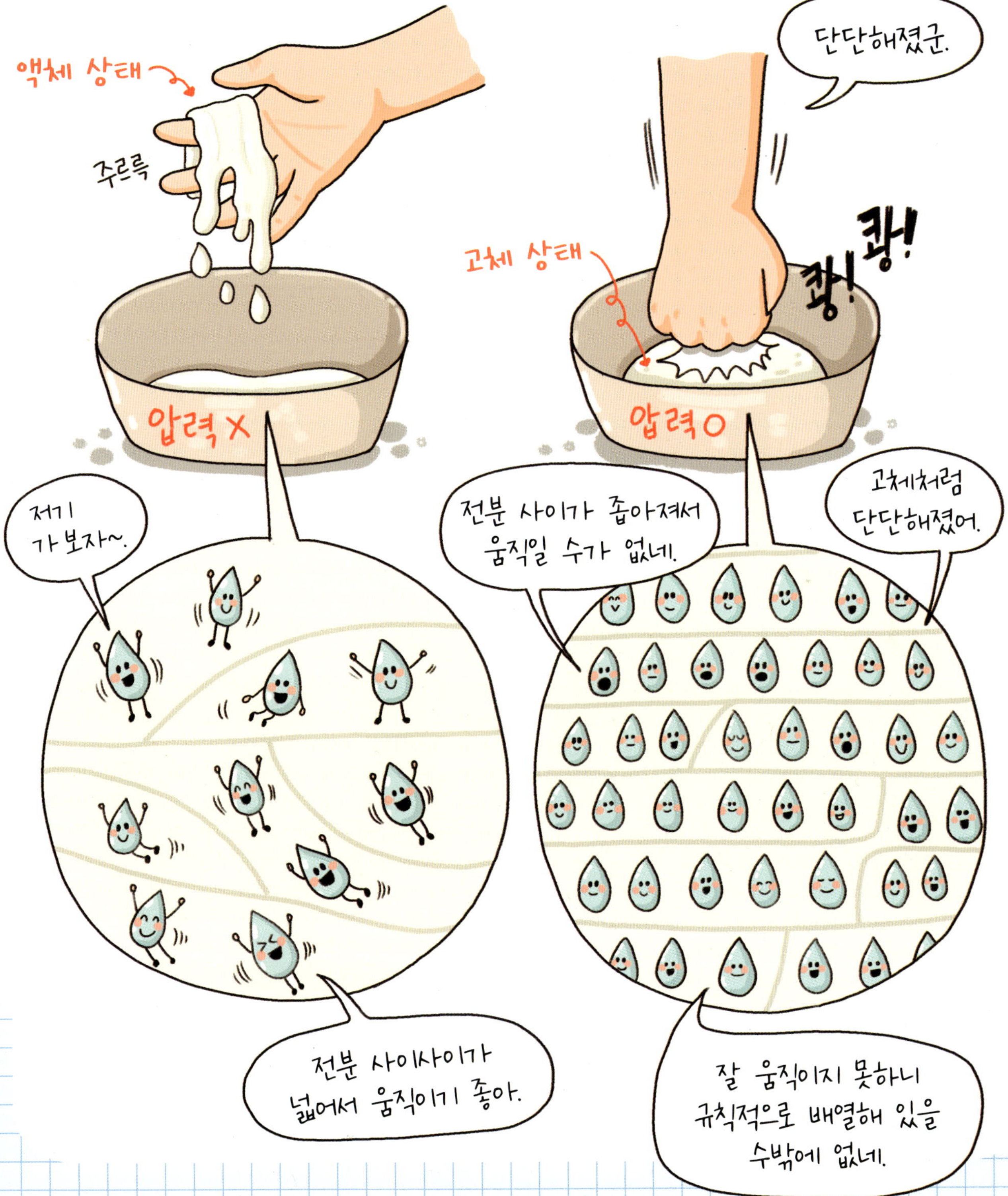

다른 가루로 슬라임을 만들 수 있어요

밀가루랑 전분은 무엇이 다를까요?

밀가루는 말 그대로 밀을 가루로 만든 것입니다. 밀가루는 원래 곡물이 가지고 있던 영양소를 다 가지고 있지요. 불용성 단백질인 글루텐 함량에 따라 박력분, 중력분, 강력분으로 나누기도 합니다. 글루텐이 많을수록 점성이 높다는 뜻이랍니다.

전분은 녹말가루를 말하는데 밀가루와 달리 주성분이 탄수화물이에요. 곡물가루에서 남은 탄수화물을 제외하고 다른 성분을 모은 게 전분이랍니다. 그래서 밀가루에 물을 붓고 치대면 찰진 덩어리로 뭉쳐지지만, 전분은 찰진 덩어리가 아닌 덩어리 모양만 만들어지고 힘을 주어 쪼개면 쉽게 갈라져요. 슬라임을 만들 때 감자 전분을 넣어도 비슷한 촉감을 느낄 수 있답니다.

감자 전분으로 만든 슬라임도 촉감이 같아요

슬라임의 촉감을 느껴 봐요.

2교시
변신하고 나타나는 요리의 마법

요리에 숨은 과학 개념을 찾아라!

음식도 마법을 부려요! 원래 가진 성분을 다른 성분으로 휙 바꾸기도 하고 없던 물질을 뚝딱 새로 만들어 내기도 하지요. 앞으로 나올 요리가 어떤 마법을 부리는지 알아내기 위해 미리 개념을 살펴보아요. 아래 개념을 따라 읽다 보면 과학 원리가 쉽게 머릿속에 들어온답니다.

 연못에 소금쟁이가 둥둥 떠다니는 모습을 본 적 있나요? 소금쟁이는 어떻게 물 위를 떠다닐 수 있는 걸까요? 바로 표면장력 덕분이랍니다. 물 입자들끼리 서로 잡아당기는 힘을 말해요. 서로 당기면서 둥근 모양으로 뭉친답니다. 컵에 물을 가득 채웠을 때 윗부분이 볼록하게 나오는 것도 표면장력 때문이에요.

 마술쇼에서 마술사가 옷을 휙휙 바꾸는 모습은 언제 봐도 신기하지요. 음식을 할 때 성분도 어떤 영향을 받으면 다른 물질로 변화해요. 물질의 성질이 변하는 현상을 변성이라고 합니다.

 달콤한 캐러멜은 왜 갈색일까요? 이름 그대로 캐러멜화가 일어나 만들어졌기 때문입니다. 설탕과 같은 당에 뜨거운 열을 가하면 분해되어 갈색 물질을 만들어내요. 이 갈색 물질이 바로 캐러멜이랍니다.

 뜨거운 설렁탕 국물을 식히면 탱글탱글 젤리처럼 변해요. 어떻게 액체가 고체처럼 변하는 걸까요? 바로 응고 때문이에요. 액체가 열 에너지를 잃으면 고체로 변하는 현상을 말한답니다. 냉동실에 물을 얼리는 것도 응고라고 볼 수 있겠지요?

완벽하게 이해했다면 체크해요!

☐ 표면장력 ☐ 변성 ☐ 캐러멜화 ☐ 응고

고소한 치즈 또띠아 피자

단원명 4학년 1학기 5단원 혼합물의 분리 | **핵심 용어** 단백질, 산

 우유 속 단백질이 산을 만나면 치즈로 변한대요! 직접 만든 치즈로 피자를 만들어 볼까요?

재료

우유 500mL, 레몬즙 2큰술, 소금 1작은술, 또띠아 1장, 토마토소스, 올리브유 약간, 면포, 전자레인지

레몬즙 대신 식초를 넣어도 돼요!

우유에 레몬즙만 넣으면 치즈를 만들 수 있어요

1 우유를 냄비에 담아 중불로 끓이면서 저어요. 우유가 끓으면 소금과 레몬즙을 넣어요.

2 우유에 덩어리가 지면 불을 끄고 저어요. 우유에서 물과 카제인(단백질)이 분리되는 모습을 관찰해요.

3 우유를 면포에 걸러 물기를 짜요.

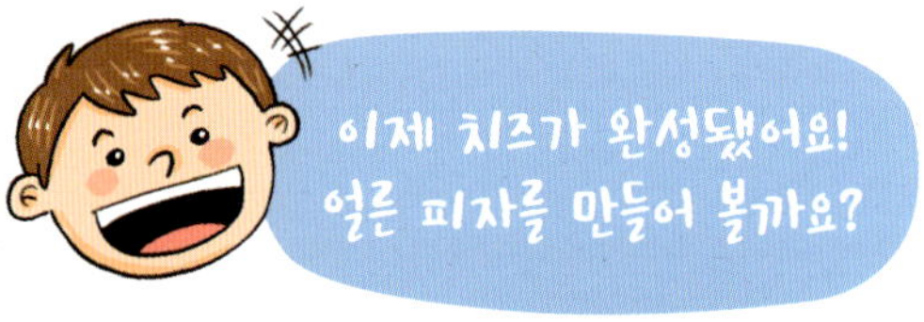

이제 치즈가 완성됐어요! 얼른 피자를 만들어 볼까요?

집에서도 피자를 만들 수 있네?

치즈 또띠아 피자 만들기!
또띠아에 올리브유를 살짝 뿌린 후 토마토소스를 얇게 바르고 치즈를 골고루 얹어 전자레인지에 1분간 돌려요.

우유가 치즈로 어떻게 변했을까요?

산 성분인 레몬즙을 우유에 넣으면 우유 성분이 분리돼요. 산을 만나면 우유의 단백질(카제인)이 굳어 지방, 미네랄과 함께 커드가 됩니다. 커드를 뭉치면 치즈가 되지요.

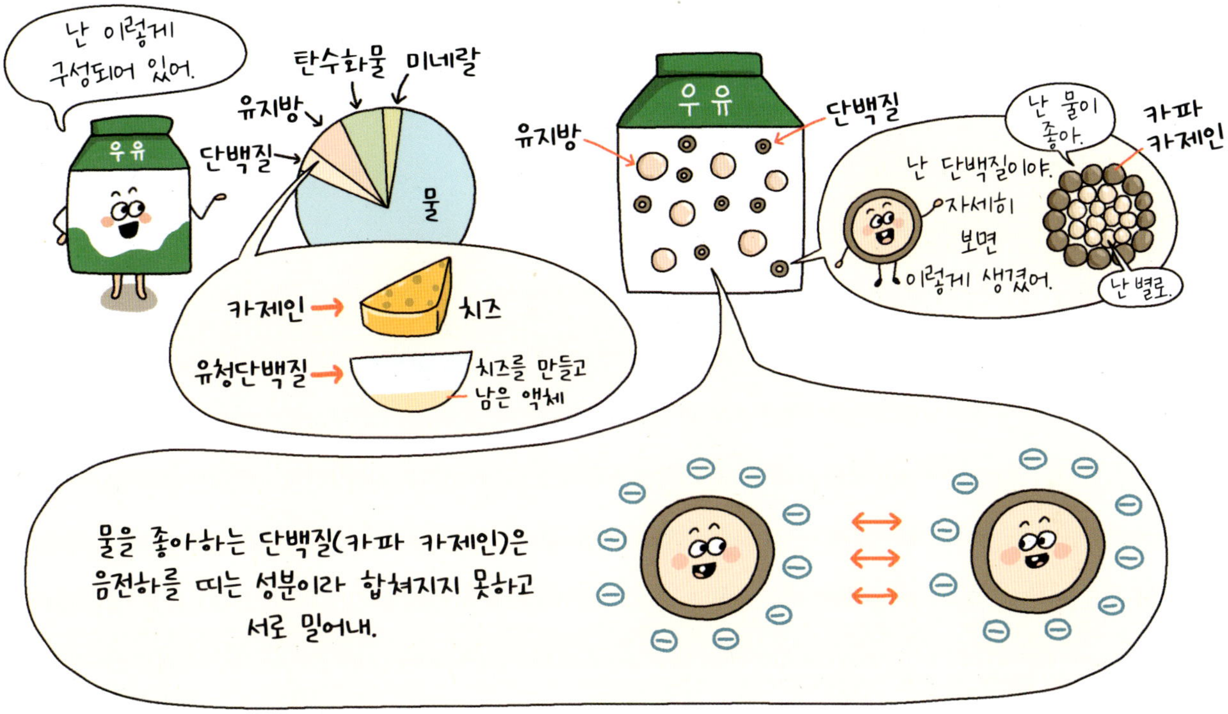

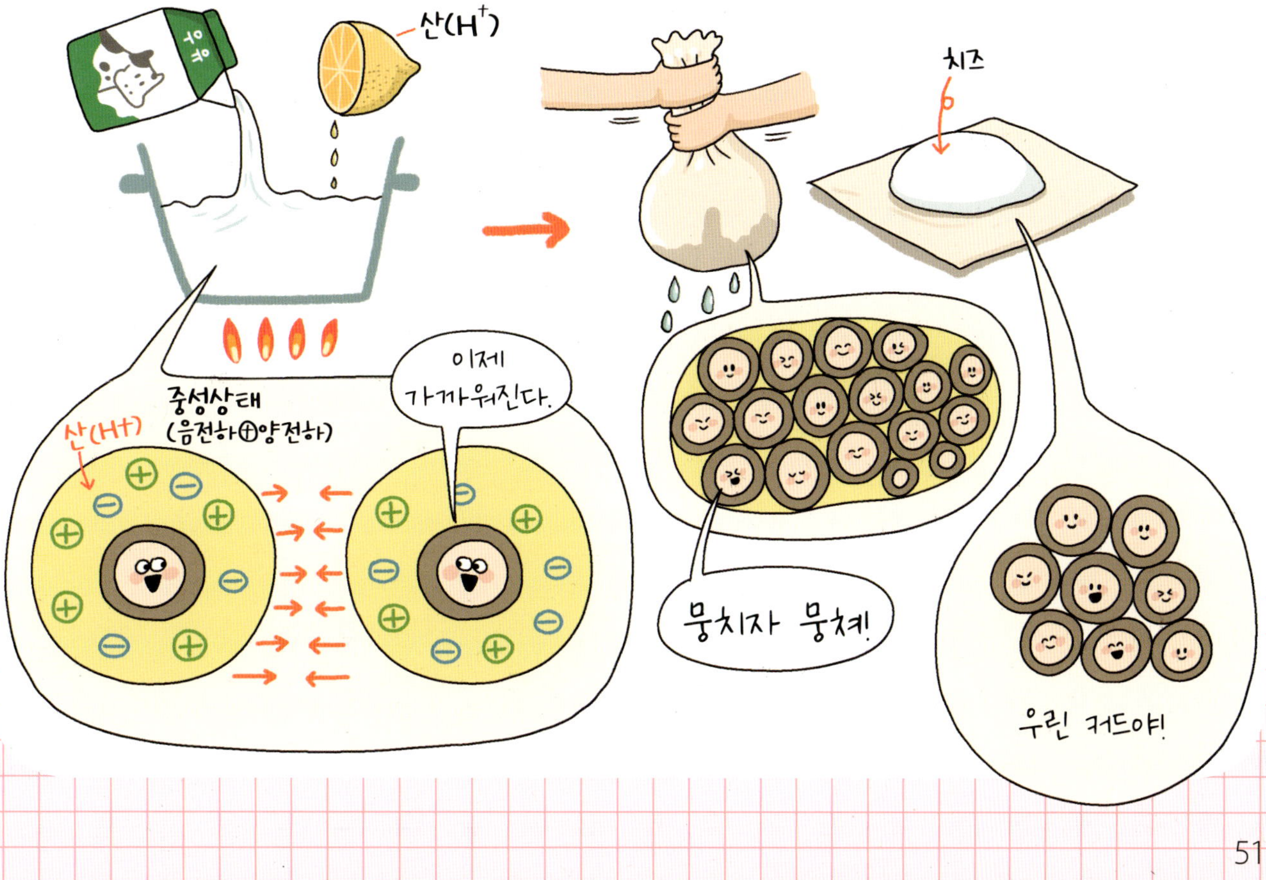

우유를 끓일 때 저어야 하는 이유

우유를 끓일 때 온도가 60도를 넘으면 표면에 하얀 '피막'이라는 게 생겨요. 시간이 흐를수록 막은 점점 두꺼워집니다. 이 하얀 막은 우유 안에 든 단백질, 지방, 칼슘 등으로 이루어져 있답니다.

피막은 왜 생길까요? 우유를 끓이면 우유의 표면장력이 작아지기 때문입니다. 수분이 증발해 공기와 접하고 있는 표면이 농축된 상태로 변해요. 또 우유에 든 단백질에는 변성을 일으키기 쉬운 '락토글로불린'이라는 성분이 있는데 이 성분이 피막을 만든답니다.

우유 안 지방분도 표면에 떠올라서 밀집한 단백질에 들어갑니다. 깨끗하게 걷어 내도 가열하면 새로운 피막이 만들어져요. 따라서 우유를 끓일 때 만들어지는 피막은 시간에 따라 성분이 달라진답니다. 피막은 다시 원래 액체 상태로 돌아가지 않기 때문에 우유를 끓일 때는 저어 주는 것이 좋답니다.

식초를 레몬즙 대신 사용해도 된다고요?

예쁜 삼색 꼬마 김밥

단원명 4학년 2학기 2단원 물의 상태 변화, 6학년 1학기 4단원 식물의 구조와 기능
핵심 용어 기화, 엽록소

 날씨가 화창할 땐 밖으로 놀러 가고 싶지요. 소풍을 갈 때 직접 색깔도 예쁘고 만들기도 쉬운 꼬마 김밥으로 도시락을 준비하면 어떨까요?

재료
시금치 200g, 밥 3공기(600g), 당근 ½개, 달걀 2개, 포도씨유 3큰술, 깨, 참기름 2작은술, 김밥용 김, 소금 약간, 물 500mL, 다진 마늘 1작은술, 참기름 1작은술(시금치 양념용), 작은 볼 3개

주의! 어른과 함께해요.

세 가지 색으로 김밥을 돌돌 말아요

1 끓는 물에 소금을 약간 넣고 시금치를 뿌리부터 넣어 살짝 데쳐요. 바로 찬물로 씻어 물기를 짜요. 시금치의 줄기를 나눠 다진 마늘, 참기름, 소금을 넣고 무쳐요.

2 당근을 잘게 썰어 기름을 두른 팬에 소금을 넣고 볶아요.

3 달걀에 소금을 약간 넣고 얇게 부친 후 얇게 썰어요.

시금치를 데칠 때는 끓는 물에 넣고, 냄비 뚜껑을 덮지 않아요.

4 김에 밥을 펴고 그 위에 시금치, 당근, 달걀을 올리고 돌돌 말아요. 참기름을 김밥 위에 바르고 한입 크기로 자르면 완성!

와, 예쁘다!

시금치의 녹색을 선명하게 살리는 방법은?

시금치를 데칠 때 뚜껑을 열어 놓으면 시금치 속 쓴맛을 내는 수산이 공기 중으로 날아가요. 시금치에서 녹색을 띠는 물질은 엽록소(클로로필)인데, 이 녹색을 잘 유지하려면 시금치를 데칠 때 소금을 넣어야 해요. 소금을 넣으면 시금치에서 수산과 비타민 C 성분이 덜 빠져나와서 클로로필이 더 녹색에 가까워져요.

왜 찬물이 아니라 끓는 물에 넣어야 할까요?

물의 온도에 따라 시금치의 색이 달라져요

시금치를 끓는 물에 데치는 이유는 선명한 녹색과 비타민 C를 유지하기 위해서입니다. 시금치에는 녹색을 띠는 엽록소가 있는데, 엽록소는 오래 가열하면 칙칙한 녹색의 페오피틴이라는 물질로 변해요. 물이 끓고 나서 시금치를 넣어야 물에 있는 시간이 짧아져 페오피틴으로 변하지 않겠지요? 시금치를 데친 후에는 열이 남아 있어 찬물에 식혀야 색이 더 생생하답니다.

또 시금치에 든 비타민 C는 물에 녹는 성질이 있어서 물에 오래 담그면 없어져요. 물에 오래 두지 않아야 합니다. 찬물에 넣은 상태로 끓이면서 데치면 물속에 담그는 시간이 길어지니 비타민 C가 없어질 확률이 높지요.

시금치를 찬물과 뜨거운 물에 넣어 봐요!

찬물 / 뜨거운 물 / 데친 후 / 색이 바랬어! / 예쁜 녹색!

짭짜름한 소금 캐러멜

단원명 5학년 1학기 4단원 용해와 용액 심화 | **핵심 용어** 용해, 이산화탄소, 캐러멜화 반응

 캐러멜은 이름처럼 캐러멜화 반응을 일으켜서 만들어진대요. 캐러멜화 반응은 무엇일까요?

재료 설탕 80g, 버터 40g, 생크림 80g, 물 1큰술, 물엿 1큰술, 소금 약간, 바닐라 익스트랙 오일 약간, 컵(전자레인지용), 냄비, 설탕, 사각 쟁반, 종이호일

주의! 어른과 함께해요.

끓이고 굳히면 쫀득한 캐러멜 완성!

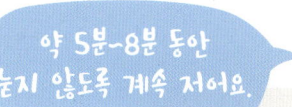
약 5분~8분 동안 눋지 않도록 계속 저어요.

1 냄비에 설탕을 넣고 약불로 녹인 다음, 물과 물엿을 넣어요.

2 생크림은 따로 컵에 담아 전자레인지에 약 1분간 돌려 미지근하게 데워요.

3 1에 데운 생크림을 넣은 다음 버터와 바닐라 익스트랙 오일, 소금을 넣고 저으면서 졸여요.

설탕이 녹는 동안 젓지 않아요. 저을 경우 설탕이 덩어리질 수 있어요.

4 주걱으로 떠서 끈끈하게 흘러내리면 불을 끄고 종이호일을 깔아 둔 쟁반에 부어 식혀요.

쫀득쫀득~

설탕에 열을 가하면 어떻게 될까요?

설탕이 고체에서 액체로 변하며 녹는 것을 물리적 변화, 설탕을 가열해 설탕의 성질이 바뀌며 진한 갈색으로 변하는 것을 화학적 변화라고 해요. 설탕에 열을 가하면 성질이 변하면서 맛이나 향, 색깔 등이 달라진답니다. 설탕에 열을 가하니 갈색으로 변했지요? 이런 변화를 캐러멜화 반응이라고 해요.

설탕을 끓일 때 저으면 덩어리지는 이유는?

설탕을 녹일 때 저으면 덩어리가 생겨요.

    우유는 끓일 때 피막이 생기지 않도록 저으면서 끓이는데, 설탕은 끓일 때 저으면 안 돼요. 저으면 설탕이 덩어리지기 때문이지요.

    설탕은 수소와 탄소, 산소 등의 원소로 이루어져 있습니다. 설탕을 가열할수록 설탕 속 산소와 수소가 반응해 기화가 되어 사라져 버리고 탄소류가 남게 된답니다. 이 과정을 캐러멜화라고 해요. 설탕을 저으면 저을수록 반응면적이 넓어지기 때문에 기화 현상이 빨라지고 설탕끼리 빨리 뭉쳐 덩어리지고 타는 겁니다.

설탕이 녹을 때 저으면 어떻게 될까요?

앗! 설탕이 녹지 않고 덩어리졌어!

달콤한 달고나

단원명 5학년 1학기 4단원 용해와 용액 | **핵심 용어** 용해, 이산화탄소

설탕이 녹았다가 굳었다가 변신을 반복하면 어느새 달고나로 바뀌어요!
여기에는 어떤 과학 원리가 숨어 있을까요?

재료 설탕, 식소다, 나무젓가락, 쇠국자, 쟁반, 가스레인지, 쿠키 틀

주의! 어른과 함께해요.

달고나가 부푸는 모습을 관찰해요

1 국자에 설탕을 넣고 가스레인지 불 위에 올리고, 설탕이 녹을 때까지 젓가락으로 저어요.

2 설탕이 녹으면 젓가락에 식소다를 찍어 묻힌 뒤 설탕을 더 저어요.

3 설탕이 부풀어 오르면 불을 끄고 설탕을 쟁반에 부어 식혀요. 쿠키 틀을 이용해 원하는 모양을 찍어 내면 완성!

젓가락이 뜨거울 수 있으니 조심해요.

식소다를 넣으면 설탕이 왜 부풀까요?

설탕을 열에 녹이면 캐러멜화가 되어 갈색으로 변해요.
여기에 식소다(탄산수소나트륨)를 넣으면 탄산나트륨, 이산화탄소, 물로 분해됩니다.
이산화탄소가 밖으로 빠져나가려고 하는 과정에서 달고나가 부푸는 거랍니다.

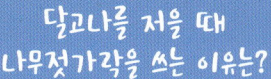

달고나를 저을 때 나무젓가락을 쓰는 이유는?

물체마다 열전도율이 달라요

전도란 무엇일까요? 차가운 손에 핫팩을 쥐면 손이 금세 따뜻해졌던 기억이 있을 거예요. 이렇게 온도가 다른 물체끼리 붙어 있을 때 온도가 높은 물체에서 낮은 물체로 열이 이동하는 현상을 전도라고 합니다. 같은 물체 내에서도 일어나기도 해요. 금속 막대 한쪽을 가열하면 반대쪽 끝도 뜨거워지는 상황으로 알 수 있어요.

열전도가 일어나는 시간을 계산한 게 '열전도율'이랍니다. 같은 온도를 전달해도 물체의 성질에 따라 온도가 전해지는 시간이 달라요. 나무, 공기, 스티로폼은 열전도율이 낮은 대표적인 물체입니다. 반대로 금속은 열전도율이 높아요. 주방 기구의 손잡이에 금속이 아니라 나무로 되어 있는 이유도 금속의 열전도율이 높아 열을 가했을 때 만지면 화상을 입을 염려가 있기 때문입니다. 달고나를 저을 때 쇠젓가락을 쓰면 금방 뜨거워지겠죠?

쇠젓가락과 나무젓가락의 열전도율 차이

뜨거운 물에 나무젓가락과 쇠젓가락을 담그고 30초 후에 끝을 만져 봐.

나무젓가락을 만지면 안 뜨겁지만 쇠젓가락을 만지면 뜨거워!

달짝지근한 사과잼

단원명 6학년 1학기 4단원 식물의 구조와 기능 | 핵심 용어 펙틴

 맛있는 잼을 만들려면 무엇이 필요할까요? 신선한 사과와 설탕, 또 무엇이 있을까요?
바로 사과 속 펙틴이 잼을 만드는 데 꼭 필요한 재료랍니다.

재료

사과 2개, 설탕 350g, 계핏가루 5g, 밀폐 용기, 냄비, 주걱

사과를 끓이면 어떻게 변할까요?

끓이면서 생기는 거품을 걷어 내요.

1. 사과를 깨끗이 씻어 사과씨를 제거하고 잘게 썰어요.

2. 잘게 자른 사과와 설탕을 냄비에 넣고 중불에서 섞어요. 사과와 설탕이 끓으면 중약불로 줄여요. 계핏가루를 넣고 졸이면 완성!

과일이 잼이 되려면 무엇이 필요할까요?

과일로 맛있는 잼을 만들려면 설탕, 펙틴, 산이 골고루 들어가야 해요. 펙틴은 세포를 결합하는 다당류로, 모든 식물 세포에 들어 있지요. 펙틴이 있어야 탕, 물 등이 골고루 섞여 끈적해질 수 있어요. 사과와 귤에는 펙틴이 가득하지만 딸기 같은 과일은 펙틴이 부족하기 때문에 펙틴이 풍부한 레몬즙을 넣어 잼을 끈적하게 만들어요.

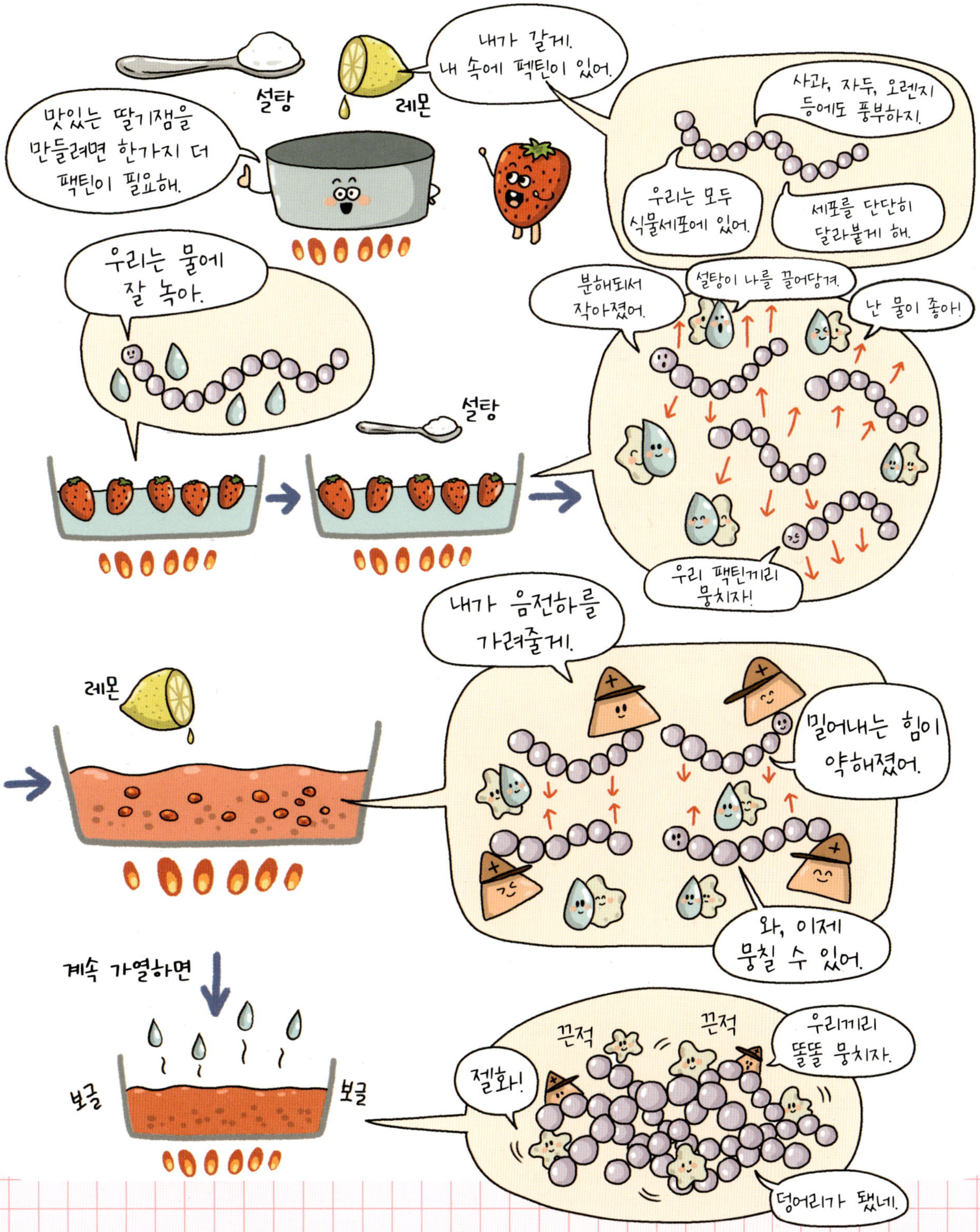

펙틴은 이렇게 다양하게 쓰여요!

펙틴의 다양한 쓰임

펙틴은 어디서 나올까요? 펙틴은 식물의 세포벽에 있어요. 과일이 익을 때 과즙이나 당을 모아 끈끈한 상태로 만드는 역할을 합니다. 섬유소의 일종이지요. 장을 약산성으로 유지하고 유해균을 억제해 장을 튼튼하게 만들어요.

잼을 끈적하게 만들 뿐 아니라 초콜릿, 젤리 등에 응고제로 사용하기도 한답니다. 마요네즈의 안정제, 아이스크림의 유화제로도 쓰여요. 음식과 화장품 산업에서 겔화와 안정화 물질로 이용하고 접착제, 대체 종이, 비누 등 다양한 제품을 생산하는 데 쓰기도 하지요. 펙틴을 이렇게 다양하게 쓴다니 놀랍지 않나요?

든든한 아보카도 덮밥

단원명 5학년 2학기 5단원 산과 염기 | **핵심 용어** 갈변

 과일이 산소와 만나면 갈변이 일어나요! 과일을 자른 부분이 시간이 지나면 갈색으로 변하지요. 갈변을 막으려면 어떻게 해야 할까요?

재료

아보카도 1개, 달걀 1개, 밥 1공기(200g), 간장 2큰술, 참기름 1작은술, 숟가락, 칼, 프라이팬

주의! 어른과 함께해요.

아보카도를 썰어 색의 변화를 관찰해요

아보카도를 썰고 시간이 지나면 어떻게 될까?

1 잘 익은 아보카도를 손질해 썰어요. 썰어 놓은 아보카도를 밥 위에 올려요.

2 달걀 프라이를 만들어 밥 위에 올려요. 먹기 전에 간장과 참기름까지 뿌리면 완성!

아보카도 손질법!
아보카도에 세로 방향으로 씨에 닿게 칼을 넣어 한 바퀴 돌려 반으로 잘라요. 아보카도와 껍질 사이에 숟가락을 넣어 껍질을 분리해요.

과일의 색깔이 점점 변하는 이유는?

아보카도 속에 든 폴리페놀은 산소와 만나면 색깔이 변해요. 랩으로 아보카도를 감싸거나 아보카도가 잘린 단면에 오일을 묻히면 폴리페놀이 산소와 만나지 못해 색이 변하지 않아요. 아보카도에 레몬즙을 묻혀도 레몬즙의 산 성분이 산화를 막기 때문에 색이 변하지 않습니다.

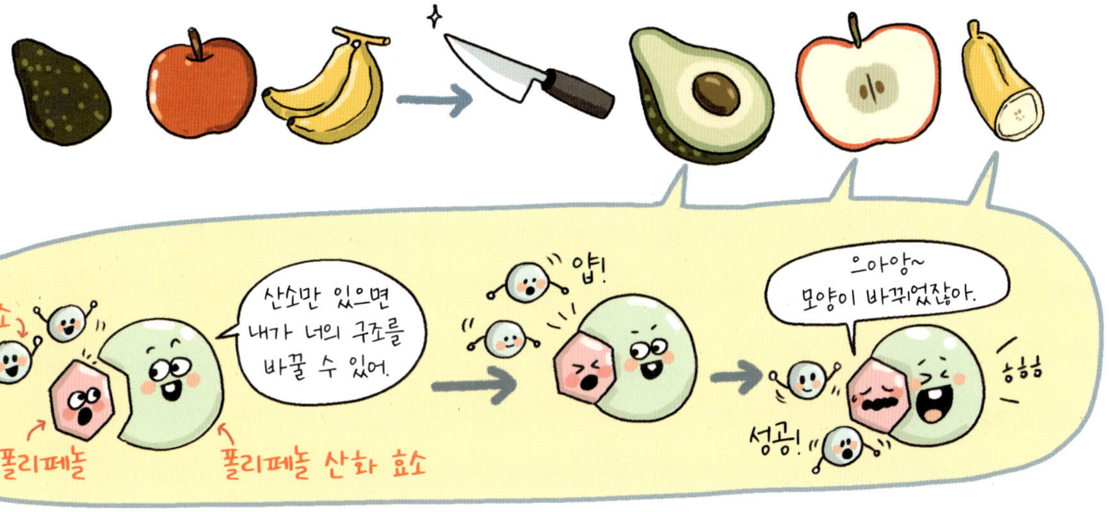

과학이 쏙쏙!

갈변은 또 어디서 일어날까요?

바나나 껍질에 갈변을 이용해 편지를 써 볼까요?

갈변은 특정 대상이 갈색으로 변하는 현상을 말해요. 효소적 갈변과 비효소적 갈변으로 나눌 수 있지요. 효소적 갈변은 아보카도, 사과, 바나나와 같은 과일과 채소에서, 비효소적 갈변은 빵과 과자처럼 가공품에서 발생합니다. 갈변이 일어나면 모양도 달라지고 영양소도 떨어져요.

갈변 현상으로 비밀 편지도 쓸 수 있답니다. 과일에 상처가 나면 노출된 단면이 공기 중의 산소와 더 접촉을 많이 되어 갈변이 더 빨리 일어나요. 바나나 껍질에 물을 묻힌 면봉으로 꾹꾹 눌러 글씨를 써 봐요. 당장은 글씨가 보이지 않겠지만, 시간이 지나면 글씨 부분에 갈변이 빠르게 일어나 몰래 쓴 글자를 읽을 수 있어요.

갈변을 이용해 바나나 껍질에 글씨를 써요! 글씨를 쓴 부분만 갈변해 메시지를 전할 수 있답니다.

또 어떤 말을 남길 수 있을까요?

# 중국식 달걀탕

단원명 4학년 2학기 2단원 물의 상태 변화, 5학년 1학기 2단원 온도와 열
핵심 용어 분자, 호화

 달걀만 있으면 쉽게 요리를 할 수 있답니다.
삶은 달걀이나 달걀 프라이처럼 자주 먹는 달걀 요리가 아닌 걸쭉한 중국식 달걀탕을 만들어 볼까요?

재료
달걀 2개, 전분 1큰술, 물 5큰술(전분물용), 물 600ml, 자른 대파 2큰술, 새송이 버섯 1개, 다시마 1조각, 국간장 1큰술, 소금 2작은술, 참기름 2작은술

전분물을 넣고
달걀탕이 걸쭉해지는 모습을 관찰해요

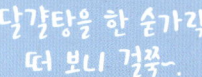
달걀탕을 한 숟가락 떠 보니 걸쭉~

1 달걀을 풀어 달걀물을 만들고, 전분을 물(5큰술)에 섞어 전분물을 만들어요.

2 물 600ml에 다시마를 넣고 끓이다가 물이 끓으면 다시마를 꺼낸 후 먹기 좋게 자른 새송이 버섯을 넣고 끓여요.

3 약불에 전분물을 넣으면서 저어요. 끓기 시작하면 달걀물을 넣으면서 지그재그로 젓고 불을 꺼요. 참기름, 국간장, 소금으로 간을 맞추면 끝!

뜨거우니 조심해!

걸쭉한 달걀탕의 비밀은 전분에 있어요!

전분은 포도당이 연결된 아밀로오스와 아밀로펙틴으로 이루어져요.
가루 상태일 때는 각각의 분자가 미셀이라는 구조를 이뤄요. 전분을 물에 섞은 후 가열하면 아밀로오스와 아밀로펙틴 사이사이에 물 분자가 들어가서 구조가 무너져요.
이렇게 걸쭉해진 상태를 보고 '호화'되었다고 합니다.

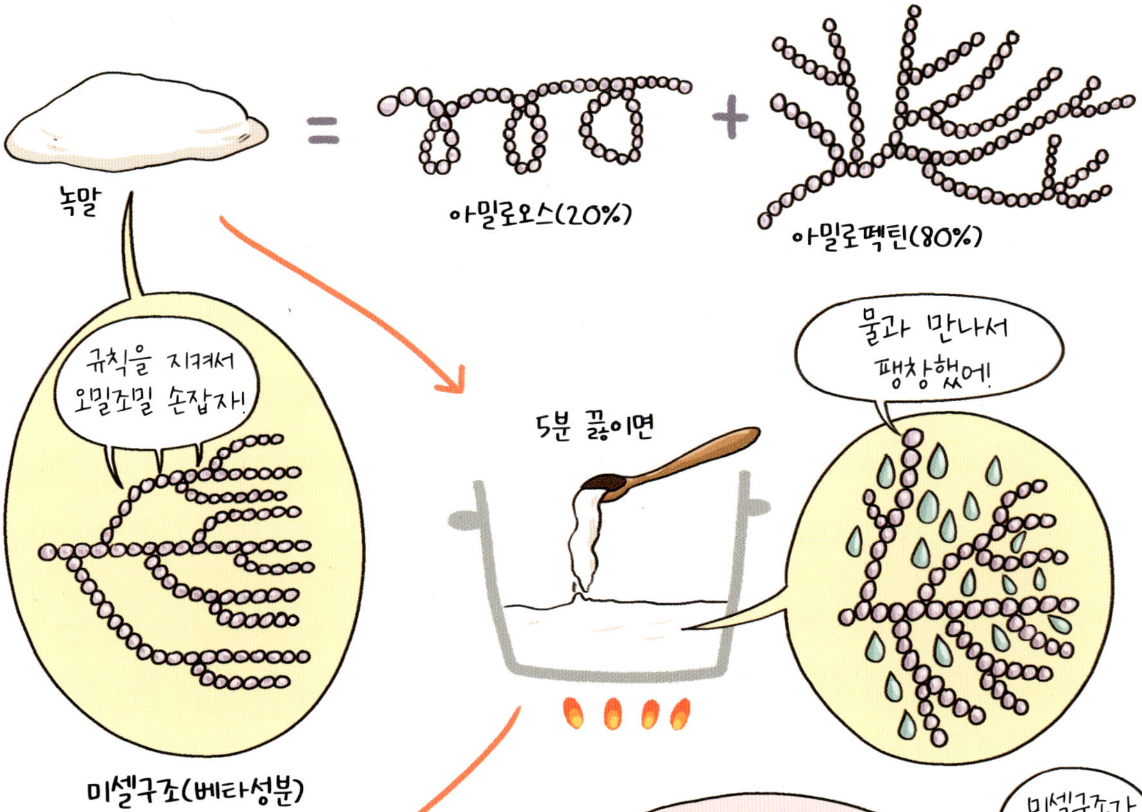

녹말 = 아밀로오스(20%) + 아밀로펙틴(80%)

규칙을 지켜서 오밀조밀 손잡자!
미셀구조(베타성분)

5분 끓이면
물과 만나서 팽창했어!

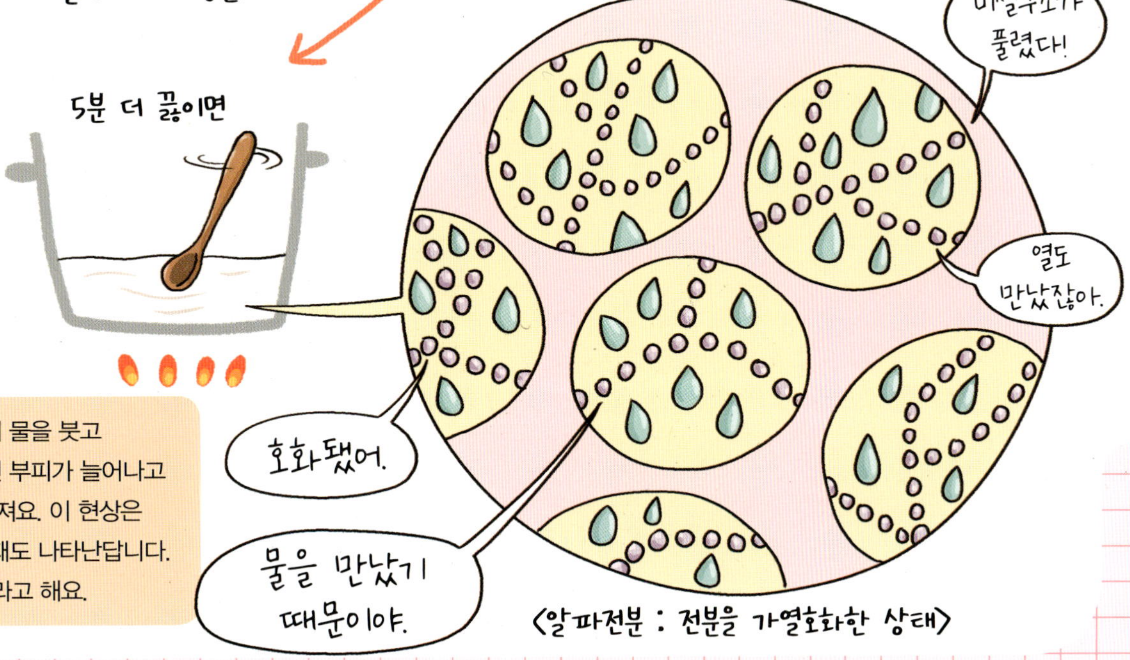

5분 더 끓이면
호화됐어.
물을 만났기 때문이야.
미셀구조가 풀렸다!
열도 만났잖아.

〈알파전분 : 전분을 가열호화한 상태〉

녹말 가루에 물을 붓고 열을 가하면 부피가 늘어나고 끈적끈적해져요. 이 현상은 밥을 지을 때도 나타난답니다. 이를 '호화'라고 해요.

왜 전분을 바로 넣지 않고 전분물로 만들어 넣을까요?

녹말가루의 호화와 온도

녹말가루가 걸쭉해지려면 물과 열이 있어야 한다는 건 잘 알았지요? 그런데 왜 전분을 팔팔 끓는 물에 넣으면 안 될까요? 냄비에도 물이 있는데 왜 전분을 미리 물에 풀어 전분물을 만드는지 궁금할 거예요.

녹말가루를 끓는 물에 직접 넣으면 걸쭉하게 변해요. 하지만 가루 속은 뜨거운 물을 만나지 못해 가루 그대로 남아 덩어리지고 만답니다. 마찬가지로 전분물도 팔팔 끓는 물에 바로 넣으면 안 돼요. 녹말가루는 약 60도에서 호화를 시작합니다. 전분이 바로 호화되려면 높은 온도의 물이 필요해요. 그런데 불을 끄지 않고 물에 탄 녹말가루를 넣으면 국물 안에 대류가 발생해 뭉치기 쉽습니다. 불을 끄되 뜨거운 상태일 때 넣어야 골고루 호화가 일어나지요.

전분을 바로 넣으면 가루가 덩어리지고 말아요!

전분이 덩어리졌어!

우유로 만드는 플라스틱 장난감

단원명 4학년 2학기 2단원 물의 상태 변화, 3학년 2학기 4단원 물질의 상태
핵심 용어 고체, 액체

 여러분이 좋아하는 장난감은 무엇으로 만들어져 있나요? 고무, 나무, 플라스틱 등 여러 가지가 있어요. 우유로 플라스틱 장난감을 직접 만들어 보세요.

재료

우유 200mL, 식초 1큰술, 키친타월, 숟가락, 전자레인지, 볼, 체, 모양 틀

좋아하는 모양의 틀을 골라 찍으면 더 좋겠네요!

딱딱한 플라스틱처럼 굳는 우유의 변화를 관찰해요

우유는 뜨거워야 하지만 끓일 필요는 없어요.

1 우유 1컵을 전자레인지에 넣고 데운 뒤 꺼내요.

2 우유에 식초를 넣고 덩어리가 생길 때까지 숟가락으로 계속 저어요. 체에 걸러 물기를 제거해요.

3 키친타월 위에 약 30분간 올려 물기를 빼면서 식히면 단단한 플라스틱으로 바뀌어요.

우유가 담긴 컵을 꺼낼 때는 꼭 장갑을 끼세요.

옛날에는 우유로 플라스틱을 만들었대요!

우유가 식초에 반응하면 지방, 미네랄, 카제인 단백질로 이루어진 고체와 액체로 분해됩니다. 우유 속 카제인이 식초와 반응해 커드가 되었어요. 카제인의 분자 구조는 석유로 만드는 플라스틱 분자 구조와 비슷해요. 카제인을 말리면 분자끼리 가까이 뭉쳐서 단단해집니다. 옛날에는 플라스틱을 우유와 식물로 만들었어요.

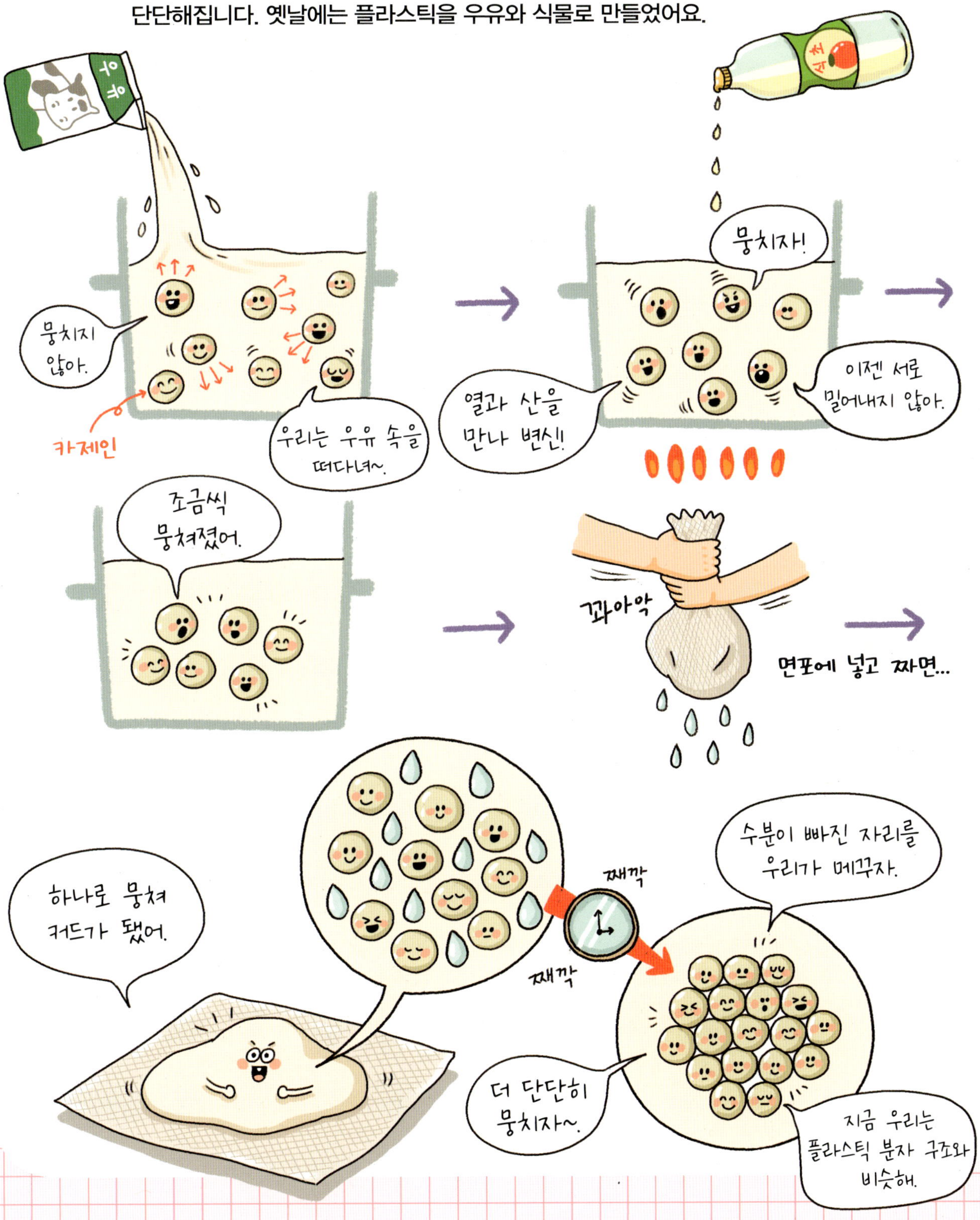

우유로 만드는 다양한 음식

우유로 버터와 요구르트도 만들 수 있어요!

　우유에는 단백질, 필수지방산, 칼슘 등이 풍부하답니다. 뼈와 치아를 튼튼하게 만들고 두뇌 계발에 효과적이지요. 그런데 우유를 마시면 꾸룩꾸룩 속이 불편한 친구가 있어요. 이렇게 우유를 먹고 속이 불편한 이유는 몸에 유당분해효소가 부족하기 때문이에요.

　우유 말고 우유로 발효시켜 만든 요거트를 먹어 봐요. 속이 괜찮을 거랍니다. 요거트는 유산균이 유당을 분해하기 때문에 먹어도 속이 편해요. 유산균을 이용해 우유를 발효시키면 단백질과 지방이 분해되어 소화와 흡수가 더 잘되기도 합니다. 우유로는 버터도 만들 수 있어요. 우유 속 지방을 분리해 크림을 만들고 세게 휘저어 엉기게 한 다음 응고시키면 고소한 버터로 변합답니다. 우유로 만들 수 있는 음식이 정말 많네요!

3교시

재료를 굳히고 변화시키는 불의 힘

요리에 숨은 과학 개념을 찾아라!

요리 재료가 불을 만나면 어떤 일이 벌어질까요? 열을 가해 만드는 다양한 음식이 있습니다. 볶음밥이나 컵케이크처럼요. 이런 뜨거운 요리에도 과학 원리가 숨어 있답니다. 요리가 뜨거울 때 어떤 일이 일어나는지 알아보기 위해 미리 개념을 살펴보아요. 아래 내용을 따라 읽다 보면 앞으로 나올 과학 원리가 쉽게 머릿속에 들어올 거예요.

- 우유는 잘 흐르지만 우유로 만든 생크림은 끈적끈적하고 잘 흐르지 않습니다. 왜 그럴까요? 우유에는 없고 생크림에는 있는 성질 때문이에요. 그 성질을 바로 점성이라고 합니다. 점성은 액체나 기체 안에서 나타나는 마찰력이에요. 액체나 기체의 흐름에 저항해 끈끈한 성질을 만드는 겁니다.

- 오뚝이 장난감을 가지고 놀아 본 적 있나요? 아무리 밀어도 다시 바로 서는 자세를 유지하려 해서 '오뚝이'라고 부르지요. 이렇게 한 가지 상태를 유지하려는 경향이 안정성이에요. 고무줄을 늘였다가 놓으면 다시 원래 크기로 돌아가는 것도 안정성 때문이랍니다.

- 놀이터에서 뺑뺑이를 타고 열심히 돌다 보면 밖으로 튀어 나가고 말아요. 이렇게 원운동을 할 때 바깥으로 나가려는 힘을 원심력이라고 합니다. 원심력 때문에 빙글빙글 돌다가 밖으로 튀어 나가는 거예요.

- 벽에 붙은 공은 가만히 아무 소리도 내지 않지만 벽을 향해 굴린 공이 부딪히면 '쾅' 소리와 함께 멈춰요. 왜 똑같이 벽에 붙는데 다른 반응이 일어날까요? 가만히 있는 물체는 계속 가만히 있고 싶어 하고, 움직이는 물체는 계속 움직이고 싶어 하기 때문이에요. 이런 성질을 관성이라 한답니다.

완벽하게 이해했다면 체크해요!

☐ 점성　　☐ 안정성　　☐ 원심력　　☐ 관성

무지개 볶음밥

단원명 3학년 2학기 4단원 물질의 상태 | **핵심 용어** 표면적에 따른 물질의 반응 속도

 당근, 양파, 호박 등 여러 가지 재료가 들어가는 볶음밥은 알록달록한 색깔만큼 다양한 맛이 나요. 볶음밥을 맛있게 만들고 싶다면 어떻게 해야 할까요?

재료

따뜻한 밥 2공기(400g), 햄 200g, 달걀 2개, 당근 $\frac{1}{4}$개, 양파 $\frac{1}{2}$개, 애호박 $\frac{1}{2}$개, 대파 2대, 간장 2큰술, 소금 적당량, 기름 6큰술

주의! 어른과 함께해요.

볶음밥 재료를 각각 예쁘게 썰어 볶아요!

따뜻한 밥을 넣어야 볶음밥이 고슬고슬해져요. 찬밥은 뭉치기 쉬워요.

1 햄, 양파, 당근은 깍둑 썰어 놓고, 달걀은 따로 그릇에 풀어 놓아요. 팬에 기름을 두르고 송송 썬 파를 볶다가 달걀을 넣어 저어요. 달걀이 반쯤 익었을 때 따뜻한 밥을 넣고 밥알을 흩으며 볶아요.

2 밥알이 서로 떨어질 때까지 볶다가 당근을 넣고 볶아요. 당근이 노릇해지면 양파와 햄을 함께 볶아요. 재료가 모두 익으면 소금과 간장을 적당량 넣어 간을 맞춰요.

볶음밥에서 재료를 한꺼번에 넣지 않는 이유는?

달걀을 이루는 단백질은 열을 가하면 기름과 수분을 감싸기 때문에 밥과 같이 볶으면 찐득해져요. 처음에 따로 볶아야 수분을 흡수하지 않는답니다.

당근처럼 수분이 적은 채소를 넣고 볶아야 더 고슬고슬해져요. 소금은 중간에 넣으면 삼투 현상으로 채소 수분이 빠져나오기 때문에 마지막에 넣어야 합니다.

채소의 영양소를 살려서 먹어요.

채소는 무조건 생으로 먹는 게 좋을까요?

채소에는 다양한 영양소가 들었어요. 영양소를 살려서 먹으려면 굽거나 익히지 말고 생으로 먹어야 할까요? 생으로 먹기보다 익혀서 먹으면 영양소의 흡수가 잘되는 채소가 있답니다. 당근, 가지, 브로콜리, 시금치, 토마토, 양파, 호박 등이 있어요.

당근을 생으로 먹으면 주요 영양소인 베타카로틴을 10% 흡수할 수 있지만, 익혀 먹으면 60% 이상을 흡수할 수 있답니다. 가지에도 체내 칼슘 흡수를 방해하는 솔라닌이 있어요. 솔라닌을 없애기 위해 기름에 볶거나 튀겨서 먹는 것이 좋습니다. 브로콜리는 살짝 데치면 카로티노이드 성분이 모여 체내 흡수율이 증가해서 영양소를 더 풍부하게 먹을 수 있어요. 채소마다 올바른 섭취 방법을 알아두고 먹으면 건강에 좋겠네요!

영양소 흡수율이 높아진다!

당근을 익혀서 먹어 봐요. 몸이 더 건강해져요!

따끈따끈 초코 컵케이크

단원명 5학년 1학기 2단원 온도와 열 심화 | **핵심 용어** 마이크로파

 밀가루와 오븐 없이 빵을 만드는 방법이 있으면 얼마나 좋을까요? 그것도 따끈따끈 달콤한 초코 컵케이크를 말이에요. 달걀 흰자와 전자레인지가 있으면 오븐 없이도 초코 컵케이크를 만들 수 있답니다.

재료

다크초콜릿 80g, 물 10mL, 달걀 흰자 2개, 내열 용기(전자레인지용), 볼, 거품기, 실리콘 컵

흰자와 노른자를 쉽게 분리하려면 달걀을 반으로 깨트린 후에 껍데기에 노른자만 남을 때까지 흰자를 떨어뜨리면 돼.

하얀 거품으로 변한 달걀 흰자와 전자레인지가 만나면?

1 초콜릿과 물을 내열 용기에 담아 뚜껑을 살짝만 덮은 뒤 전자레인지에 약 30초간 녹여요.

2 달걀에서 흰자를 분리해요. 분리한 흰자를 볼에 담고 거품기로 빨리 저어 거품을 내요.

> 거품기 대신 핸드믹서를 써도 돼요.

> 밀가루 없이 어떻게 컵케이크를 만들었지?

3 녹은 초콜릿을 흰자 거품에 넣고 섞은 다음 실리콘 컵에 옮겨 전자레인지에 약 1분 30초 동안 익히면 컵케이크 완성!

전자레인지로 어떻게 케이크를 만들까요?

전자레인지에 음식물을 넣어 돌리면 전자레인지에서 마이크로파가 나와요. 마이크로파 때문에 음식물 속 물 분자가 움직이면서 열에너지가 생겨 다른 분자에도 열이 전달되고, 그 결과 음식물이 데워지거나 익는답니다.

과학이 쏙쏙!

달걀 흰자만 있어도 맛있는 디저트를 만들 수 있다고요?

달걀 흰자와 설탕으로 만드는 달콤한 머랭!

달걀 흰자는 물과 '단백질' 분자로 이루어져 있습니다. 단백질 용액은 휘저으면 거품이 일어나요. 흰자를 저으면 공기가 들어가 표면장력이 낮아지고 넓게 퍼져서 얇은 막이 생깁니다. 막이 생기면서 공기를 감싸고 공기에 닿는 단백질 분자가 변화해 막을 두껍게 안정시킨답니다. 이런 상태에서 한 번 더 섞이면 점성 때문에 거품이 일어나요. 흰자의 막은 단백질 분자가 변성해서 생긴 고체 막이기 때문에 거품이 안정되어 있습니다. 단백질 분자는 물과 기름을 함께 좋아하므로 섞이기 싫어하는 두 액체가 섞이게 도와줍니다.

노른자에는 지방이 있어 막에 지방이 붙어 불안정해지므로 노른자로 만든 거품은 안정성이 없습니다. 따라서 달걀에서 흰자만 분리해 거품을 내고 설탕을 넣어 구워야 모양이 예쁜 머랭이 탄생하는 거예요.

달걀 흰자에 설탕을 넣고 저으면 달콤한 머랭 완성!

달걀 흰자를 오븐에 넣어 구우면~ 머랭이 되지요.

온도가 높으면 흰자의 점성이 줄어들고 많은 공기를 감싸 안아 흰자의 막이 얇아지고 강도가 내려가 거품의 안정성이 떨어집니다. 찬 곳에서 머랭을 만들어야 해요.

달걀 흰자와 설탕을 같은 양으로 준비하고, 달걀 흰자를 빨리 휘저어 거품을 만든 다음 설탕을 조금씩 넣어 빨리 저으면 머랭이 돼요!

불그스름한 새우 주먹밥

단원명 3학년 2학기 2단원 동물의 생활 | **핵심 용어** 새우, 아스타크산틴

 마술쇼를 보면 눈 깜짝할 사이에 카드 무늬가 바뀌고, 옷이 바뀌고는 하지요.
이번 요리는 마술처럼 색이 바뀌는 새우가 주인공이랍니다!

재료

밥 1공기(200g), 새우 8마리, 버터 1큰술, 단무지 3개, 소금 1작은술, 깨 1큰술, 참기름 1큰술

주의! 어른과 함께해요.

새우가 구워지면서 색이 변하는 모습을 관찰해요!

1 팬에 버터를 넣고 달군 후 새우를 넣어 양면을 골고루 익혀요.

2 새우가 익으면 건져 두고, 단무지를 잘게 잘라 놓아요.

3 밥에 소금, 깨, 참기름과 단무지를 넣어 섞어요. 밥을 새우 개수에 맞추어 나눠요. 밥 위에 새우를 얹고 꼬리만 나오도록 동그랗게 뭉쳐요.

새우를 익혔더니 색깔이 붉게 변했어요!

색깔이 변하는 새우의 비밀은?

새우에는 붉은 색소인 아스타크산틴이 들어 있어요. 아스타크산틴은 단백질과 결합해 있을 때는 회색이나 청록색처럼 보이다가, 열을 가하면 단백질이 떨어져 나가고 공기에 닿아 산화되면서 붉은색을 띠어요.

새우 속 붉은 색소의 비밀은?

게, 랍스터, 연어 등 다양한 해산물에 열을 가하면 붉어져요.

　게, 랍스터, 연어, 도미, 해삼, 불가사리 등에도 아스타크산틴이 들어 있어요. 바다에서 잡힌 자연산 연어는 붉은색이고 양식 연어는 회색인데, 요즘에는 양식 연어에 아스타크산틴을 넣은 사료를 먹여 붉은색을 내기도 해요. 바다에 사는 생물만 붉은색을 띠냐고요? 홍학도 새끼 때는 회색이다가 아스타크산틴이 풍부한 새우나 게를 먹고 자라 다 크면 붉게 변해요.

　아스타크산틴은 노란색이나 붉은색을 띠는 카로티노이드계 색소인데, 카로티노이드는 동물뿐 아니라 채소에도 풍부하답니다. '베타카로틴'이라고 들어 봤나요? 당근, 시금치, 망고 등에 풍부한 베타카로틴도 바로 카로티노이드계 색소입니다. 베타카로틴은 눈에 좋은 비타민 A로 변해요. 아스타크산틴도 베타카로틴과 마찬가지로 눈을 건강하게 만들어요. 눈을 튼튼하게 만들기 위해서는 채소와 새우, 게를 열심히 먹어야겠네요.

아스타크산틴이 들어 있는 게를 쪄 보자!

게를 쪘더니 붉게 변했어!

바삭하면서 촉촉한 군만두

단원명 4학년 2학기 2단원 물의 상태 변화 | 핵심 용어 분자, 호화

한쪽 면은 바삭하고 다른 면은 촉촉한 군만두를 먹어 보았나요?
보통 군만두는 양면을 기름에 굽지만, 물을 넣어 구우면 훨씬 맛있게 먹을 수 있답니다.

재료
만두 5개, 기름 3큰술, 물 100mL, 프라이팬, 뒤집개

주의! 어른과 함께해요.

바삭하고 촉촉한 군만두의 비밀을 밝혀요!

1 팬을 가열한 뒤 기름을 붓고 열이 올라오면, 만두를 올려 만두 아랫면을 노릇하게 구워요.

2 만두 아랫면이 구워졌을 때쯤 불을 줄이고 물을 넣은 뒤 뚜껑을 덮어요. 약 3분 후 뚜껑을 열고 물기가 날아갈 때까지 구우면 완성!

만두를 굽다가 물을 넣는 이유는?

뜨겁게 달군 프라이팬에 군만두를 넣고 뚜껑을 덮으면 팬에 전도된 열이 만두피에 전달되어 만두피 아랫면은 익고 윗면은 수분이 날아가 딱딱해져요. 이때 물을 넣고 뚜껑을 덮으면 물이 열 때문에 기화되어 수증기로 변해 만두에 들어갑니다. 만두피 전체가 호화되어 촉촉해져요. 수증기와 함께 이동하는 열 덕분에 만두 속까지 골고루 익는답니다.

핀란드 사우나에서는 수증기를 이용해 온도를 높여요.

핀란드에도 사우나가 있어요

몸이 뜨끈뜨끈해지는 찜질방에 간 적이 있나요? 이런 찜질방은 외국에서도 옛날부터 이용해 왔답니다. 핀란드에서도 우리나라 찜질방처럼 뜨겁게 데운 방에서 땀을 내요. 우리나라에서 찜질방이라는 단어와 함께 쓰는 '사우나'라는 단어가 바로 핀란드 말이지요. 거의 모든 집에 사우나를 설치했을 정도로 사우나가 일상인 나라입니다.

핀란드의 사우나는 어떻게 생겼을까요? 핀란드의 사우나실은 내부가 모두 나무로 이루어져 있어요. 아궁이처럼 생긴 화덕에 장작을 넣어 불을 지펴 돌을 달굽니다. 뜨거운 돌 위에 물을 뿌려 높은 온도의 수증기를 만들어요. 마치 만두를 굽듯 몸을 찜질하는 거예요. 수증기로 습도와 온도를 조절하며 사우나를 하는 방식이 독특하지요? 우리나라는 나무 대신 황토와 맥반석으로 내부를 만들고 뜨거운 열을 내 찜질을 해요.

핀란드 사우나를 들여다볼까요?

겉과 속이 뒤바뀐 거꾸로 달걀

단원명 5학년 2학기 4단원 물체의 운동 | **핵심 용어** 원심력

 삶은 달걀의 껍데기를 벗겨 보면 바깥쪽은 흰색, 안쪽은 노란색이지요.
그런데 노른자가 바깥에, 흰자가 안에 있는 삶은 달걀이 있답니다. 함께 만들어 볼까요?

재료
달걀 2개, 냄비, 반스타킹

주의! 어른과 함께해요.

달걀을 힘차게 돌려서
흰자와 노른자의 위치를 바꿔요!

1 준비한 달걀 중 하나에 별표시를 한 뒤, 스타킹 가운데에 넣고 양쪽을 꽉 묶어요.

2 스타킹 양쪽을 양손으로 잡고 몸 안쪽에서 바깥쪽으로 뱅뱅 돌려요.

3 돌린 후 바로 돌린 달걀과 돌리지 않은 달걀을 함께 삶아요. 삶은 달걀의 껍데기를 벗겨 비교해 보세요.

돌린 달걀은 노른자가 바깥에 있네!

달걀의 노른자와 흰자 위치가 어떻게 바뀌었을까요?

달걀을 스타킹에 넣고 돌리면 달걀은 원운동을 해요. 원운동을 할 때 중심에서 멀어지려는 힘(원심력)이 작용하는데, 이 힘은 질량이 클수록 커집니다. 달걀 노른자는 흰자보다 질량이 크기 때문에 원운동을 하면 원심력에 의해 바깥쪽으로 나갑니다.

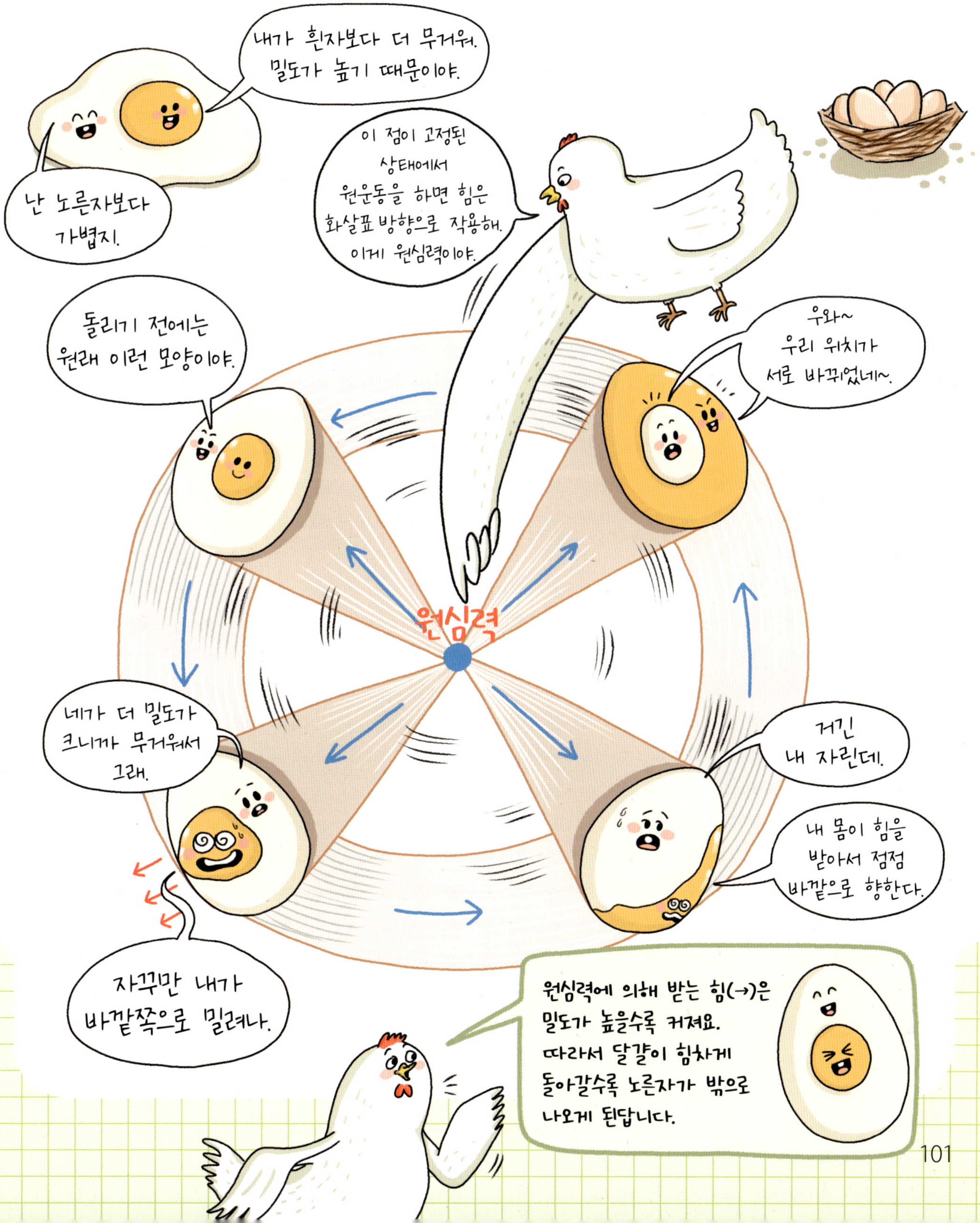

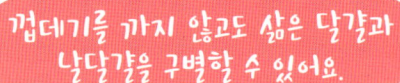
껍데기를 까지 않고도 삶은 달걀과 날달걀을 구별할 수 있어요.

삶은 달걀과 날달걀의 차이

달걀을 놓고 날달걀인지 삶은 달걀인지 맞히는 게임을 해 본 적 있나요? 두 손에 달걀을 들고 흔들어도 껍데기를 까기 전까지는 구별하기 쉽지 않아요. 그런데 달걀의 껍데기를 까지 않고도 삶은 달걀과 날달걀을 구분할 수 있는 방법이 있습니다.

달걀을 돌려 보세요! 도는 모습을 보면 삶은 달걀인지 날달걀인지 바로 맞힐 수 있어요. 삶은 달걀은 수평을 유지하며 돌고, 날달걀은 잘 돌지 못하고 휘청거립니다. 왜 그럴까요? 날달걀은 흰자와 노른자가 모두 액체 상태고 껍데기만 고체이기 때문에 상태가 서로 다릅니다. 액체 상태인 흰자와 노른자에는 원래 상태를 유지하려는 관성이 있고 고체인 껍데기는 돌리고 해서 똑바로 돌지 못하는 거예요.

날달걀과 삶은 달걀을 동시에 돌려 봐요!

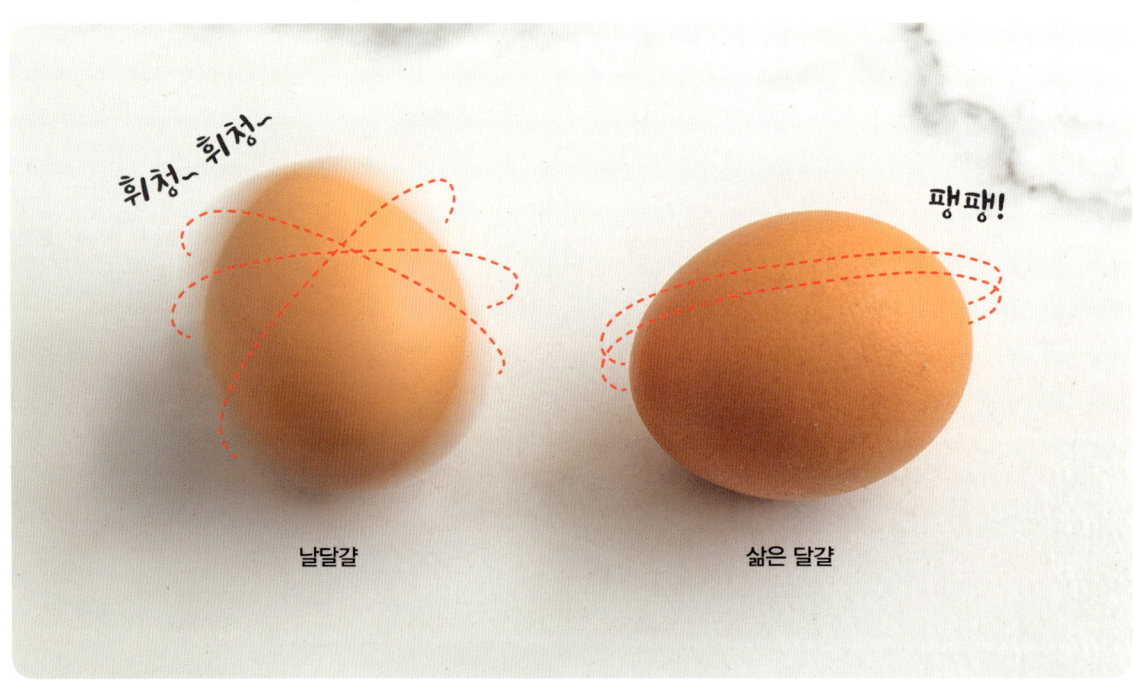

달달한 토마토 양파 볶음

단원명 6학년 2학기 3단원 연소와 소화 심화, 5학년 1학기 4단원 용해와 용액 심화
핵심 용어 메일라드 반응, 캐러멜 반응

 양파는 보통 맵다고 생각하지만 양파를 익히면 익힐수록 달아진답니다.
양파는 왜 열을 가하면 달아질까요?

재료

양파 ½개, 방울토마토 200g, 기름 2큰술

주의! 어른과 함께해요.

양파를 볶기 전과 후의 맛을 비교해요!

1 양파와 방울토마토를 썰어 준비해요.

2 팬에 기름을 2큰술 두른 뒤 양파를 볶아요.

3 양파가 완전히 노릇해질 때까지 볶다가, 방울토마토를 넣어 토마토 겉면이 노릇해질 때까지 볶으면 완성!

생 양파 맛은 어떤지 조금 먹어 볼까요?

양파는 왜 맵다가 달다가 할까요?

양파 세포에는 효소와 매운맛을 내는 성분인 알리인이 있어요. 양파를 자르면 효소가 밖으로 나와 알리인과 만나면서 알리신으로 변해요. 알리신은 또 황화알릴로 변하고 눈을 자극해 눈물이 나게 합니다. 양파를 계속해서 볶으면 황화알릴이 분해되어 일부는 공기 중으로 날아가고, 일부는 설탕보다 50배나 단맛을 내는 '프로필 메르캅탄'으로 변해 양파가 달아집니다.

눈이 맵지 않게 양파를 써는 방법은?

눈을 맵게 하는 황화알릴을 없애는 방법

주방에서 누군가 양파를 썰면 옆에만 있어도 눈물이 나지요. 양파 속 매운맛을 내는 황화알릴이 양파를 까고 썰 때 공기로 퍼져 눈물샘을 자극해 눈물을 흘리게 만든답니다. 황화알릴을 없애고 쉽게 양파를 까는 방법이 없을까요?

양파 껍질을 찬물에 담그고 벗겨 보세요. 매운 성분이 물에 녹아 양파 껍질을 벗기고 썰 때 눈이 매워지는 상황을 방지해 준답니다. 촛불 옆에서 양파를 썰어도 좋아요. 불에서 나오는 탄소 성분이 황화알릴을 흡수해 없애기 때문입니다. 또 양파 뿌리를 가장 마지막에 써는 것도 좋은 방법이에요. 황화알릴 성분이 뿌리 부분에 가장 많이 들었기 때문입니다. 이제 양파를 썰 때 울지 않아도 되겠네요!

4교시

끊임없이 움직이는 액체의 변신

요리에 숨은 과학 개념을 찾아라!

우리가 먹고 마시는 물이나 우유 같은 액체에 우리 몰래 많은 일이 벌어지고 있답니다. 액체의 변신을 지켜 보기 전에 개념을 살펴보아요. 아래 개념을 읽다 보면 과학 원리가 쉽게 머릿속에 들어온답니다.

 레몬을 먹으면 강한 신맛을 느낄 수 있어요. 이런 신맛은 왜 나는 걸까요? 바로 산성 때문이랍니다. 산성과 반대되는 성질은 염기성이라고 해요. 산성과 염기성을 쉽게 구분할 수 있는 방법이 있습니다. 파란색과 빨간색 리트머스 시험지가 있는데, 파란색 시험지를 빨갛게 만들면 산성이고 빨간색 시험지를 파랗게 바꾸면 염기성이랍니다.

 냉동실에 물을 넣고 몇 시간 후에 꺼내면 얼음으로 변해요. 물은 언제부터 얼음이 되기 시작하는 걸까요? 물이 얼기 시작하는 온도를 어는점이라고 한답니다. 보통 0도를 기준으로 하지요. 얼음이 다시 물로 변하기 시작하는 온도는 녹는점이라 하고, 어는점과 녹는점의 온도는 같아요.

 핫팩을 흔들다 보면 어느새 따뜻한 기운이 느껴져요. 핫팩을 흔들면 열이 나는 반응을 발열이라고 합니다. 열을 내뿜는 발열과 반대인 반응으로 열을 흡수하는 흡열이 있어요.

 트램펄린을 타고 뛰어 오르면 마치 하늘을 나는 듯한 기분이 들어요. 트램펄린에서 뛰면 왜 위로 뛰어 오르는 걸까요? 밖에서 힘이 가해져 변형된 물체가 그 힘이 사라졌을 때 원래 상태로 돌아가려고 하는 성질 때문이에요. 이 성질을 탄성이라 부릅니다. 트램펄린에서 뛸 때마다 용수철이 탄성을 발휘해 우리를 뛰어 오르게 만드는 겁니다.

완벽하게 이해했다면 체크해요!
☐ 산성·염기성 ☐ 어는점·녹는점 ☐ 발열 ☐ 탄성

말랑 말랑 물방울 떡

단원명 4학년 1학기 5단원 혼합물의 분리, 5학년 1학기 4단원 용해와 용액
핵심 용어 점질성, 젤라틴, 콜라겐, 한천

 물방울처럼 투명한 떡이 있다면 믿어지나요? 한천 가루와 물로 만들 수 있답니다. 탱글탱글 물방울 떡을 만들어 보세요.

재료

설탕 15g, 한천 가루 15g, 물 400g, 미숫가루, 꿀, 냄비, 주걱, 아래가 둥근 컵, 접시

주의! 어른과 함께해요.

109

한천 가루를 물에 넣고 끓이면 물이 떡으로 변신!

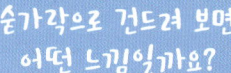
숟가락으로 건드려 보면 어떤 느낌일까요?

1 냄비에 물을 끓이다가 한천 가루를 넣고 저어요.

2 한천 가루가 녹으면 설탕을 넣고 저어가면서 잘 녹여요.

3 불을 끄고 아래가 둥근 컵에 붓고 냉장고에 1시간 이상 넣어 굳혀요. 컵에 담았던 액체를 접시로 옮겨 담으면 물방울 떡 완성!

꿀이나 미숫가루를 뿌려 먹으면 맛있어요!

탱탱~ 탱탱~

물이 어떻게 탱글탱글한 떡으로 변했을까요?

물방울 떡처럼 탱글탱글한 음식으로 젤리가 있어요. 젤리는 젤라틴으로 만든답니다. 한천 가루와 젤라틴은 각각 단당류와 아미노산으로 이루어져 있어요. 둘 다 물에 녹여 굳히면 말랑말랑해집니다. 녹이면 액체 상태가 되었다가 차갑게 굳히면 고체처럼 형태는 있지만 고체만큼 단단하지 않은 '겔' 상태가 돼요.

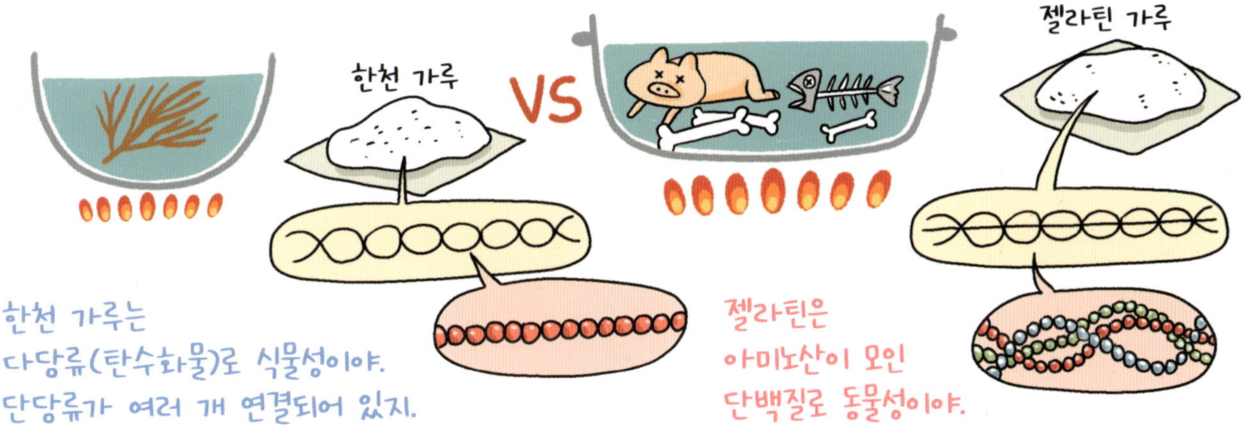

한천 가루 VS 젤라틴 가루

한천 가루는 다당류(탄수화물)로 식물성이야. 단당류가 여러 개 연결되어 있지.

젤라틴은 아미노산이 모인 단백질로 동물성이야.

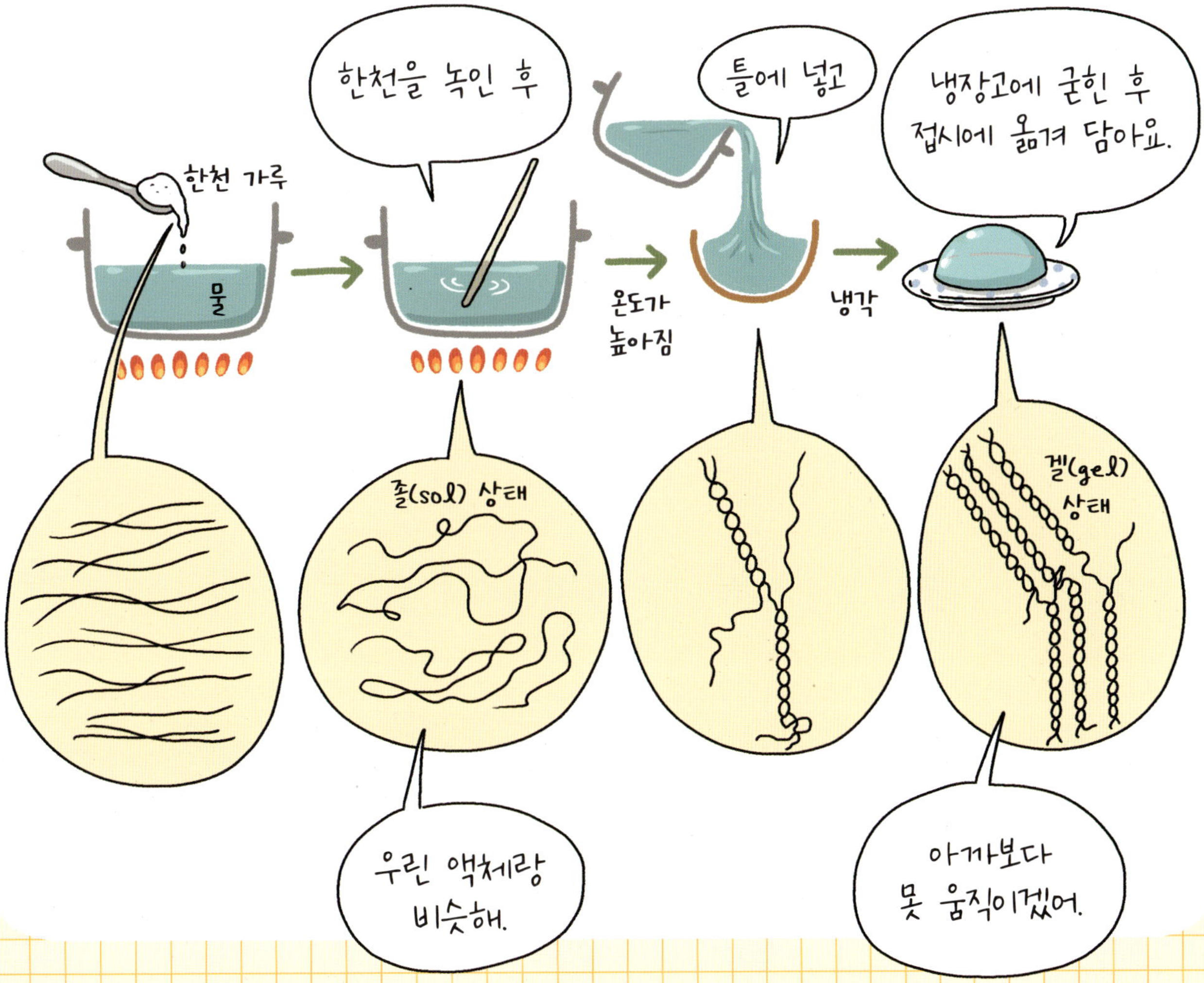

한천 가루 → 한천을 녹인 후 → 틀에 넣고 (온도가 높아짐) → 냉각 → 냉장고에 굳힌 후 접시에 옮겨 담아요.

물

졸(sol) 상태

겔(gel) 상태

우린 액체랑 비슷해.

아까보다 못 움직이겠어.

새콤달콤한 젤리는 어떻게 만들까요?

젤라틴은 동물의 콜라겐으로 만들어요.

지렁이 모양, 지구 모양 등 다양한 젤리는 언제나 먹어도 맛있어요. 다양한 모습의 젤리는 어떻게 만들까요? 젤리를 만들 때 꼭 필요한 재료는 젤라틴이에요.

젤라틴은 동물의 가죽이나 힘줄 등을 이루는 천연 단백질인 콜라겐을 뜨거운 물로 처리해 만듭니다. 젤라틴은 뜨거운 곳에서 녹고 차가운 곳에서 굳는 특징이 있어요. 굳은 상태의 젤라틴이 바로 젤리입니다. 젤라틴을 중탕하면 액체로 변하고 냉장고에 넣으면 온도가 낮아지면서 말랑말랑한 젤리가 되는 겁니다. 동물에게서 젤리를 만드는 원료가 생긴다니 신기하지 않나요?

어떤 모양의 젤리를 좋아하나요?

아이스바

보석처럼 과일이 박힌

단원명 4학년 2학기 2단원 물의 상태 변화 | **핵심 용어** 고체, 액체

 물을 얼리면 어떻게 될까요? 물이 얼면 어떤 변화가 일어나는지 알아봐요.
좋아하는 과일을 물에 넣고 얼려 보세요. 시원한 아이스바가 탄생한답니다.

재료

바나나 1개, 딸기 1개, 키위 1개, 물 1L, 종이컵 3개, 나무 막대 3개

주의! 어른과 함께해요.

물이 얼면서 어떤 변화가 생기는지 관찰해요

먹기 전에 잠깐! 물의 높이에 변화가 있어요!

1 준비한 과일을 종이컵에 들어갈 만한 크기로 썰어 종이컵에 넣어요.

2 종이컵에 $\frac{2}{3}$만큼 물을 채워 넣고, 종이컵 바깥에 물의 높이를 선으로 표시해요.

3 종이컵에 나무 막대를 꽂고 냉동실에 넣어 얼려요. 4시간 후에 꺼내면 완성!

물을 얼리면 높이가 왜 달라질까요?

물을 얼리면 물 분자 사이에 공간이 생겨요. 얼음이 물보다 부피가 커지는 겁니다. 무게는 똑같답니다. 무게는 물체에 작용하는 중력을 뜻하는데, 물체의 상태가 변해도 그에 작용하는 중력은 똑같기 때문이에요.

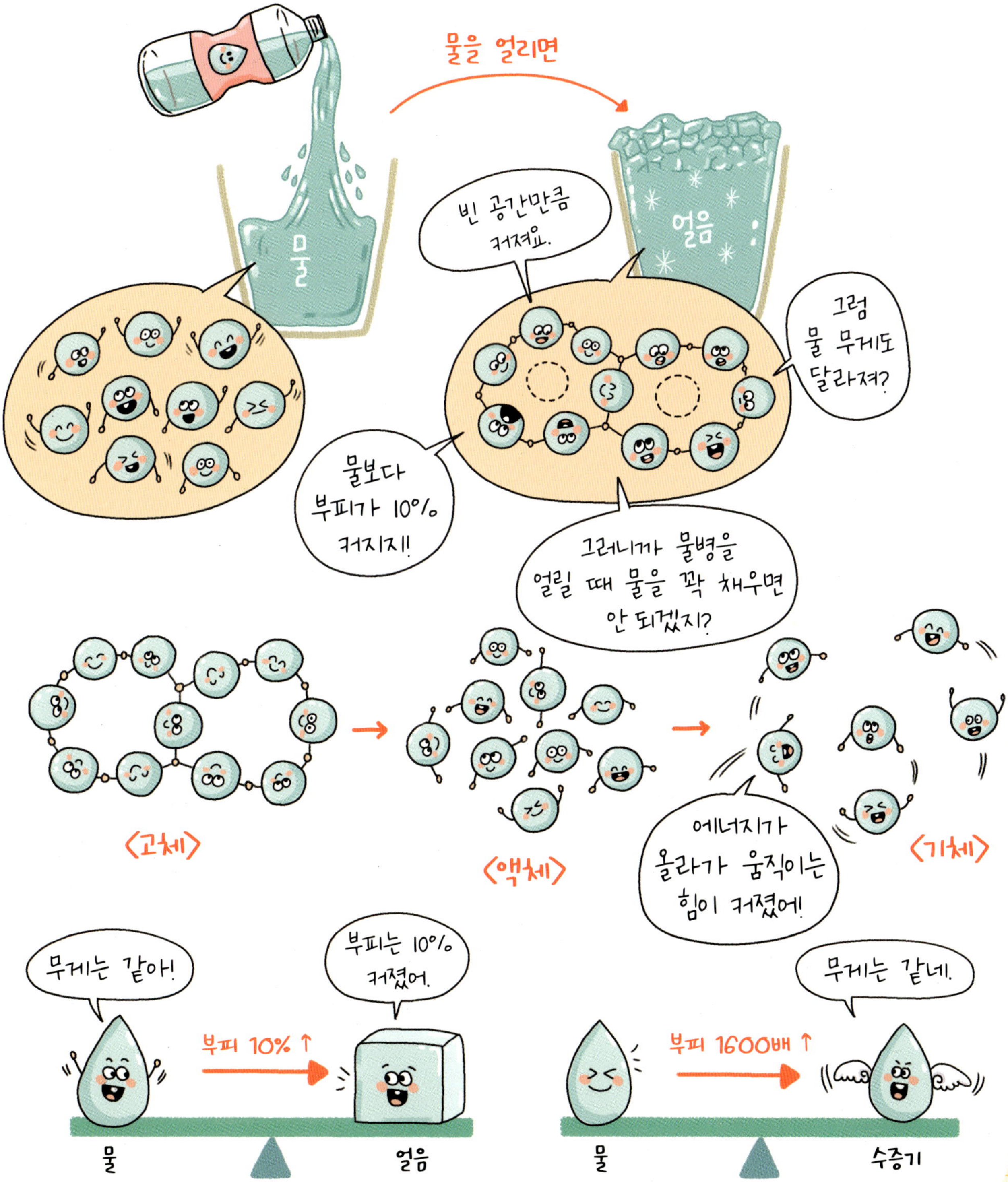

열기구는 어떻게 하늘로 떠오를까요?

공기에도 부피와 무게가 있을까요?

　우리가 매일 마시고 뱉는 공기는 부피와 무게가 있을까요? 빵빵한 풍선을 들면 무게가 느껴지지 않으니 공기에는 무게가 없을까요? 풍선 2개를 준비해 하나는 터지기 직전까지, 나머지에는 조금 부풀어 오르는 정도로 공기를 채워요. 두 풍선의 무게를 비교해 보면 어떨까요? 놀랍게도 공기가 많이 든 풍선이 더 무겁답니다. 공기에도 무게가 있다는 증거예요.

　공기의 부피는 어떻게 알아볼 수 있을까요? 똑같은 양의 공기를 넣은 풍선을 뜨거운 물과 차가운 물에 각각 넣어 보세요. 뜨거운 물에 넣은 풍선은 커지고 차가운 물에 넣은 풍선은 작아질 겁니다. 공기는 온도가 높아질수록 운동이 활발해져 부피가 커지기 때문입니다. 하늘을 나는 열기구도 기구 안 공기를 열로 데워 공기의 운동을 활발하게 만들어 기구를 부풀리고 날아오르는 거예요. 늘 우리 주위에 있는 공기에 부피와 무게가 있답니다.

레몬 소다수

입안을 톡 쏘는

단원명 5학년 2학기 5단원 산과 염기 | **핵심 용어** 산성, 염기성, 탄산가스

콜라나 사이다 같은 탄산음료를 좋아하나요? 집에서도 탄산음료를 만들 수 있어요.
레몬을 넣어 상큼한 레몬 소다수를 만들어 볼까요?

재료

레몬 $2\frac{1}{2}$개, 물 150ml, 베이킹소다(식용) 1작은술, 설탕 약간, 투명한 유리컵, 계량컵, 레몬 착즙기

레몬을 짜기 힘들면 레몬즙을 사서 써도 괜찮아요!

117

레몬물에 보글보글 거품이 생기는 모습을 관찰해요

1 레몬을 반으로 잘라 착즙기에 돌려 짜서 레몬즙을 모아요.

2 레몬즙과 같은 양의 물을 부은 다음 잘 섞어 유리컵에 옮겨 담아요.

3 베이킹소다를 넣고 섞어요. 설탕을 넣어 단맛을 내요.

거품이 보글보글~.

레몬물에 베이킹 소다를 넣자 거품이 나는 이유는?

레몬의 산 성분과 베이킹소다의 탄산수소나트륨이 만나면 탄산가스(이산화탄소)가 생겨요. 원래 탄산가스는 기체라서 물에 잘 녹지 않지만 온도를 낮추고 압력을 높이면 잘 녹는답니다. 탄산음료가 담긴 병의 뚜껑을 열면 거품이 나는 이유는 탄산가스의 압력이 낮아져 튀어나오기 때문이지요.

미지근한 콜라가 차가운 콜라보다 거품이 잘 생겨요!

거품이 잘 생기는 콜라의 비밀

콜라 캔을 따면 치익 소리와 함께 거품이 이는 모습을 많이 봤을 거예요. 그런데 온도에 따라 거품이 생기는 정도가 다르다는 사실을 알고 있었나요? 냉장고에서 막 꺼낸 콜라 캔을 따면 거품이 넘치지 않아요. 그런데 실온에 두었던 콜라 캔을 따면 거품이 넘친답니다.

왜 같은 콜라인데 거품의 양이 다를까요? 미지근한 콜라보다 차가운 콜라에 이산화탄소가 더 많이 녹아 있어서 그만큼 밖으로 나오는 이산화탄소의 양이 적기 때문입니다. 낮은 온도일 때 기체가 물에 잘 녹기 때문에 차가운 콜라에 이산화탄소가 더 많이 녹을 수 있거든요. 거품이 많은 콜라를 마시고 싶다면 미지근하게 두고 마시면 되겠네요!

차가운 콜라와 미지근한 콜라에 생기는 거품의 양을 비교해요!

냉장 　　　　　　　실온

예쁜 얼음을 넣은 주스

단원명 4학년 2학기 2단원 물의 상태 변화, 5학년 1학기 4단원 용해와 용액 심화
핵심 용어 기화, 어는점

 별 모양이나 하트 모양처럼 모양이 색다르거나, 노란색이나 갈색으로 색깔이 다양한 얼음이 있어요. 이번에는 속이 완전 투명한 예쁜 얼음을 만들어 볼까요?

재료 물 200mL, 오렌지주스, 얼음 틀, 냄비

주의! 어른과 함께해요.

끓인 물과 끓이지 않은 물을 얼려 비교해요!

1 물을 끓여서 미지근해질 때까지 식혀요.

2 물을 얼음 틀에 넣고 냉동실에 얼려요. 얼음을 꺼내 오렌지주스를 담은 컵에 넣어 마셔요.

좋아하는 음료를 골라 넣어요!

끓인 물을 얼리면 투명한 이유는?

눈에 보이지 않지만 물속에도 공기가 있어요. 물을 냉동실에 얼리면 공기가 그대로 물속에 갇혀 뿌옇게 보입니다. 공기가 빛을 반사하거든요. 물을 끓여서 얼리면 물속에 있던 공기가 물 밖으로 날아가 투명한 얼음을 만들 수 있답니다.

털실로 묶지 않아도 얼음을 들어 올릴 수 있어요!

털실과 얼음이 붙는다고요?

얼음물을 담은 컵에 털실을 넣어 봐요. 얼음 위로 털실을 대고 소금을 조금 뿌린 후 잠시 기다렸다가 들면 얼음이 털실에 붙어 따라 올라오는 모습을 볼 수 있어요. 접착제로 붙이지도 않았는데 어떻게 털실과 얼음이 붙을까요?

얼음에 소금을 뿌리면 얼음이 주변의 열을 흡수하면서 녹아요. 소금을 뿌린 얼음 주변의 온도는 영하 21도까지 내려갑니다. 얼음과 소금이 닿아 녹는 부분에 물이 생기고 물이 털실에 묻어요. 소금을 뿌린 부분보다 낮은 주위의 온도 때문에 털실에 묻은 물은 다시 얼어붙고 털실을 들어 올릴 때 얼음이 함께 올라온답니다.

얼음 낚시를 해 볼까요?

털실로 얼음을 낚았네!

사각사각 딸기 슬러시

단원명 4학년 2학기 2단원 물의 상태 변화 | **핵심 용어** 어는점, 흡열

 어는점을 이용하면 냉동실이 아니더라도 액체를 얼릴 수 있어요.
얼음과 소금으로만 슬러시를 만들 수 있는 원리는 무엇일까요?

재료

얼음 200g, 소금 70g, 딸기우유 100mL, 입구가 넓은 통, 지퍼백

주의! 어른과 함께해요.

냉장고 없이 딸기 슬러시를 만드는 비결은?

1 통에 얼음과 소금을 넣고 뚜껑을 닫은 다음 위아래, 좌우로 흔들어 섞어요.

2 딸기 우유를 지퍼백에 넣고 입구를 닫은 다음 통 속에 넣어요.

3 뚜껑을 닫고 통을 흔들면 슬러시 완성!

얼음과 소금이 물을 얼리는 이유는?

얼음과 소금을 섞으면 어는점이 내려가면서 얼음이 녹아요. 주변 온도는 소금과 얼음이 물로 변하면서 주변의 열을 흡수해 낮아집니다. 그러면서 얼음과 액체 사이 형태인 슬러시 상태가 돼요. 그럼 아이스크림 가게에서 파는 딸기 아이스크림은 어떻게 만들까요?

도로에 뿌리는 제설제는 소금이 아니라 염화칼슘이랍니다.

염화나트륨(소금)과 염화칼슘의 차이

눈이 많이 올 때 차가 미끄러지지 않도록 도로에 뿌리는 가루는 무엇일까요? 눈을 빨리 녹이니 소금이 아닐까요? 소금은 염화나트륨이 주성분인 화합물이지만 눈이 쌓인 도로에 뿌리는 제설제는 염화칼슘으로 이루어져 있습니다. 소금이랑은 달라요!

소금을 이루는 염화나트륨은 어는점을 내려 얼음을 녹이는데, 염화칼슘은 녹을 때 열을 방출하는 발열 반응까지 일어나 눈과 얼음을 더 빨리 녹일 수 있답니다. 염화칼슘을 녹인 물은 무려 영하 52도가 되어야 얼기 시작해요. 그럼 소금 대신 염화칼슘을 먹어도 되지 않느냐고요? 염화칼슘은 물에 녹으면서 열을 내기 때문에 먹으면 위에 상처를 낼 수 있어요. 심지어 눈이나 입에 닿기만 해도 화상을 입을 가능성이 있어서 절대 먹으면 안 돼요!

정말 얼음에 소금을 뿌리면 더 빨리 녹을까요?

얼음의 어는점이 내려갈수록 얼음이 더 잘 녹아요.

쫄깃쫄깃 마시멜로 초코 퐁듀

단원명 5학년 1학기 2단원 온도와 열 | **핵심 용어** 녹는점

 단단한 초콜릿에 열을 가하면 사르르 녹아요. 녹은 초콜릿에 마시멜로를 찍어 먹으면 맛있겠지요? 초콜릿의 변화를 관찰하며 퐁듀를 만들어 보세요.

재료 커버춰 초콜릿 1봉지(200g), 마시멜로, 나무 꼬챙이 4~5개, 내열 용기

주의! 어른과 함께해요.

단단한 초콜릿을 사르르 녹여 보세요!

1 나무 꼬챙이에 마시멜로를 꽂아 준비해요.

2 초콜릿을 내열 용기에 담아 전자레인지에 1분 돌리고 저은 후 1분 더 돌려요.

3 마시멜로를 녹인 초콜릿에 찍어 먹어요.

너무 오래 돌리면 초콜릿이 탈 수도 있으니

초콜릿의 상태를 확인해 가며 조금씩 더 돌려요.

카카오 열매로 어떻게 초콜릿을 만들까요?

카카오 열매는 참외보다 더 커요. 열매 하나에 카카오 콩이 약 40개가 들어 있는데, 콩을 둘러싼 과육을 까서 말리고 볶아서 갈면 초콜릿 기본 원료인 카카오 매스가 나와요. 계속 갈면 코코아 차 가루가 되지요. 카카오 콩에서 기름만 뽑아 내면 카카오버터가 돼요.

과학이 쏙쏙!

카카오 매스를 빼면 화이트 초콜릿이 탄생해요!

화이트 초콜릿은 어떻게 만들까요?

부드러운 맛을 자랑하는 화이트 초콜릿은 어떻게 만들까요? 바로 카카오 매스를 빼고 만들면 된답니다. 초콜릿 색과 맛을 좌우하는 카카오 매스를 빼고 카카오버터에 분유와 설탕을 더해 만든 게 화이트 초콜릿이지요. 분유와 설탕이 많이 들어가서 일반 초콜릿과 맛도 달라요. 카카오 매스를 넣지 않은 화이트 초콜릿은 초콜릿이라 인정할 수 없다고 하는 사람도 있답니다.

다크 초콜릿과 밀크 초콜릿은 어떻게 만들까요? 다크 초콜릿은 카카오 매스가 35% 이상인 초콜릿으로 카카오 매스, 카카오버터, 설탕만 넣어 만든 가장 순수한 초콜릿이에요. 밀크 초콜릿은 이름 그대로 우유나 분유를 넣어 만든 초콜릿입니다. 다양한 초콜릿을 맛보면서 직접 비교해 보면 어떨까요?

밀크 초콜릿 / 다크 초콜릿 / 화이트 초콜릿

새콤 달콤 탕후루

단원명 5학년 1학기 2단원 온도와 열 | **핵심 용어** 녹는점

 설탕과 물을 함께 가열하면 설탕물이 되지요. 과일에 설탕물을 뿌려 굳히면 오독오독 씹히는 사탕이 완성된답니다! 반짝반짝 윤기가 나는 과일 사탕을 만들어 볼까요?

재료

설탕 300g, 물 150g, 물엿 20g(또는 올리고당), 방울토마토(먹고 싶은 만큼), 청포도(먹고 싶은 만큼), 딸기, 종이호일, 나무 꼬챙이 5개, 냄비, 투명볼

설탕을 녹이면 어떻게 변하는지 관찰해요!

1. 나무 꼬챙이에 과일을 꽂아, 냉장고에 넣어 둬요.

2. 설탕과 물을 섞어 약불에 끓여요. 설탕물이 끓으면 물엿을 넣어 섞일 때까지 더 끓여요.

3. 설탕물의 농도를 확인해요. 설탕물이 투명하게 변하고 걸쭉해지면 찬물에 설탕물을 떨어뜨려 봐요. 이때 퍼지지 않고 딱딱하게 굳으면 불을 꺼요.

> 설탕물을 불 위에 올린 다음에는 젓지 말고 끓여요!

4. 과일 꼬치에 설탕물을 붓고 서늘한 곳에서 약 30분 동안 굳혀요. 딱딱하게 굳으면 탕후루 완성!

설탕물을 저으면서 끓이면 안 되는 이유는?

설탕물을 만들 때 빨리 녹으라고 휘저으면 설탕 결정이 생겨요. 그러면 과일을 매끈하게 감쌀 수 없겠지요. 설탕 대신 물엿을 넣으면 결정이 생기기 어려워 설탕물이 과일을 매끈하게 감싸요. 설탕물을 찬물에 떨어뜨려 보아 퍼지지 않고 딱딱하게 굳을 때 과일에 묻히면 됩니다.

설탕과 소금을 맞보지 않고 구별하는 방법

소금물을 끓이면 소금만 남는데 설탕물은 끓여도 설탕이 남지 않는다고요?

소금물을 끓여 본 적 있나요? 염전을 떠올려 보세요. 바닷물이 증발하면 소금이 남아 있지요. 설탕을 녹인 설탕물도 오래 끓이면 물이 증발하고 설탕만 남을까요? 설탕물은 오래 끓이면 설탕이 남지 않고 갈색의 시럽 형태로 변한답니다.

설탕이 물에 녹으면 포도당과 과당으로 나뉘어 오래 끓여도 원래 설탕으로 돌아오지 않아요. 오히려 끓이는 과정에 결정이 풀어져 황갈색으로 변하지요. 그 상태에서 계속 가열하면 일산화탄소, 탄소 등의 분해가 일어나 비결정 탄소가 생긴답니다. 이렇게 유기물이 열분해나 화학적 변화 때문에 탄소로 변하는 반응을 '탄화'라고 해요.

설탕물을 오래 끓여도 설탕이 생기지 않아요!

설탕물을 오래 끓였더니 색이 변했어!

투명한 설탕물 — 가열 시간 5분

갈색으로 변한 설탕물 — 가열 시간 10분

달걀 탱탱볼

통통 튀어 오르는

단원명 3학년 1학기 2단원 물질의 성질, 5학년 2학기 5단원 산과 염기
핵심 용어 산성, 염기성

 문구점에서 파는 탱탱볼은 보통 고무로 만들었어요. 달걀로도 통통 튀기는 탱탱볼을 만들 수 있다는 사실을 알고 있나요? 식초와 달걀만 있으면 만들 수 있답니다.

재료

달걀 2개, 식초 100mL, 물 100mL, 입구가 넓은 플라스틱 용기 2개

주의! 어른과 함께해요.

달걀을 물과 식초에 넣어 어떻게 변하는지 비교해요

1 달걀 하나는 물에, 다른 하나는 식초에 담가 5일 동안 그대로 두어요.

뾰족한 손톱으로 건드리면 터질 수 있으니 조심해요.

2 통에서 꺼내 물에 씻어요. 물에 담근 달걀과 식초에 담근 달걀을 만져 봐요. 크기와 촉감을 비교해 보세요.

딱딱해!

말랑~ 말랑~.

물에 담근 달걀   식초에 담근 달걀

탱탱볼은 삼투 현상으로 만들어요!

식초에 달걀을 담그면 왜 달걀 껍데기가 녹을까요? 달걀 껍데기의 탄산칼슘 성분이 식초의 산 성분과 만나 이산화탄소로 바뀌기 때문입니다. 달걀 껍데기가 사라지면 얇은 막이 보여요. 삼투 현상으로 인해 막 안쪽으로 식초가 달걀 속에 들어가면서 달걀이 탱탱해집니다.

탄성과 마찰력

고무와 달걀을 사용하지 않고도 탱탱볼을 만들 수 있어요.

달걀 탱탱볼을 어디에 던져도 잘 튀어 오르는 이유는 무엇일까요? 탄성과 마찰력이 높아졌기 때문이지요. 마찰력이 강하면 바닥에 부딪히는 순간 진행 방향으로 가는 힘을 없애서 진행 방향과 반대로 회전력이 발생해 다시 튀어 올라와요.

또 다른 탱탱볼을 만들어 볼까요? 컵에 물과 붕사가루를 넣고 막대로 잘 저어 녹여요. 여기에 PVA(폴리비닐 알코올) 가루를 넣고 덩어리가 지면 꺼내서 공 모양으로 만들면 탱탱볼이 탄생해요. PVA는 비닐 알코올이라 부르는 유기 화합물이 반복되는 구조를 가지는데, 붕사 용액에 PVA를 넣으면 용액이 구조 사이에 끼어들며 굳어서 분자 사이를 거대한 사슬로 연결한답니다. 고무처럼 탄성이 큰 특징이 생기는 거예요.

탱탱볼 경주 게임을 해 볼까요?

너무 세게 던지면 탱탱볼이 터질 수 있으니 조심해요!

달걀 탱탱볼을 두 개 만들어요.
넓고 긴 쟁반도 준비하세요. 탱탱볼을 쟁반에 굴려 먼저 쟁반 끝에 도착하면 이기는 거예요! 탱탱볼을 함께 던져 볼까요?

부록

과학 탐구활동은 즐겁게 할 수 있어요

창의적인 탐구활동의 시작

　탐구활동은 여러분이 좋아하는 요리를 골라 시작하세요. 새콤달콤 탕후루부터 달콤한 초코 퐁듀, 시원한 아이스바까지 각자 좋아하는 요리가 다를 거예요. 직접 설탕물을 만들고 액체를 얼리다 보면 용해, 응고 등 과학 개념을 쉽게 이해할 수 있어요.

　탐구는 좋아하는 것을 알고 싶은 호기심으로부터 시작해요. 설탕물을 오래 끓이면 어떻게 될까? 물을 얼리면 왜 물병이 커질까? 궁금한 것을 직접 실험해 보면서 답을 찾아가는 동안 과학과 더 친해질 거예요. 탐구 주제는 우리 주변에서 쉽게 찾을 수 있어요. 여러분의 밥상에도 가득하지요. '왜 그럴까?'라는 호기심과 함께 여러분만의 신나는 탐구활동을 시작하세요.

탐구활동에 필요한 준비 도구

1. 기록 도구

탐구활동을 하며 보고, 들으면서 새로 알게 된 사실과 자신의 생각을 기록하는 게 매우 중요해요. 탐구활동 전용 노트가 있으면 좋겠지요? 연필이나 색연필도 챙겨 주세요. 탐구 주제에 따라 카메라나 녹음기가 있으면 더 꼼꼼히 기록할 수 있답니다.

2. 실험 도구

관찰과 실험에 필요한 도구는 집에 있는 것을 활용해도 충분해요. 페트병, 우유갑, 상자, 나무젓가락 등의 재활용품은 아주 좋은 탐구활동 재료가 되지요. 페트병이나 우유갑을 잘라서 그릇을 만들 수 있고, 나무젓가락을 쇠젓가락 대신 사용할 수 있어요.

3. 비교 도구

실험하고 관찰할 때는 비교하는 게 중요해요. 길이, 크기, 무게, 색이 실험하기 전과 어떻게 달라지는지, 시간에 따라 어떤 변화가 일어나는지 등을 비교해야 과학 원리를 더 잘 이해할 수 있답니다. 탐구활동을 시작하기 전에 자, 저울, 타이머, 돋보기 등을 준비해서 비교해 보세요.

4. 조사 도구

관찰 방법을 찾거나 과학 원리를 더 자세하게 알고 싶다면 책이나 인터넷으로 더 찾아봐요. 탐구활동으로 배운 과학 개념을 잘 정리할 수 있답니다. 백과사전, 도감 등의 책을 살펴보거나 인터넷으로 자료를 검색하면 과학 원리를 더 상세하게 알 수 있어요.

5. 정리 도구

탐구활동이 끝나면 다시 실험 내용을 떠올리며 정리해요. 연습장에 사진이나 그림으로 정리해도 좋아요. 큰 종이에 내용이 한눈에 들어오도록 정리하면 좋겠지요? 각자의 개성에 맞게 탐구활동 결과를 정리해 보세요.

1. 실험 조건을 같게 만들어요

비교 실험을 할 때는 비교할 조건을 제외하고 나머지 조건은 같아야 해요. 예를 들어 가열 시간에 따라 설탕물이 어떻게 변하는지 보고 싶다면, 설탕물을 만들 때 물에 넣는 설탕의 양과 가열 세기 등은 같게 만들고 시간만 달리해야 정확한 실험 결과를 얻을 수 있어요.

2. 어떤 결과가 나올지 추측해 봐요

실험을 하기 전에 어떤 결과가 나올지, 그렇게 생각하는 이유는 무엇인지 여러분의 생각을 미리 적어 봐요. 그리고 결과가 나왔을 때 예상한 결과와 다르다면 이유가 무엇인지 조사해 보세요.

3. 실험 시간을 지켜요

요리 실험에 적힌 시간을 꼭 따라야 해요. 시간이 지나거나 모자라면 결과가 제대로 나오지 않을 수도 있어요. 타이머를 두고 실험하세요.

4. 자세히 관찰해요

실험을 하면서 어떤 변화가 일어나는지 자세히 관찰해요. 실험을 하고 나서 실험하기 전 상태를 기억하지 못하면 과학 원리를 제대로 알 수 없겠지요?

5. 실험 결과를 기록해요

물을 끓여서 얼린 얼음과 물을 그대로 얼린 얼음에는 어떤 차이가 나타날까요? 사진을 찍거나 그림을 그려 무엇이 어떻게 왜 그런 결과가 나왔는지 기록해요. 동영상을 찍어도 좋아요.

6. 실험 결과를 정리해요

실험 결과를 기록했다면, 요리 속의 과학 원리를 다시 정리해 보세요. 과학 원리가 적용되는 다른 상황은 무엇이 있는지 고민해 봐도 좋아요.

초등학생을 위한 탐구활동 교과서
교과서 잡는 바이킹 시리즈
교과서가 재밌어진다! 공부가 쉬워진다!

초등 교과 연계 도서

초등학생 필독서

어린이 베스트셀러

우수 과학도서
STEAM 초등 과학 실험 캠프
조건호 지음 | 민재회 그림

베스트셀러
초등학생을 위한 과학실험 380
E. 리처드 처칠 외 지음 | 천성훈 감수

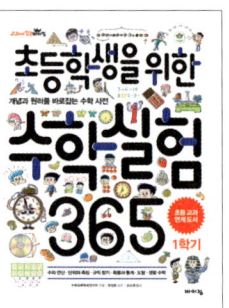
초등학생을 위한 수학실험 365 1학기
수학교육학회연구부 지음 | 천성훈 감수

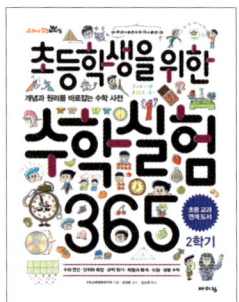
초등학생을 위한 수학실험 365 2학기
수학교육학회연구부 지음 | 천성훈 감수

초등학생을 위한 요리 과학실험 365
주부와 생활사 지음 | 천성훈 감수

초등학생을 위한 요리 과학실험실
정주현, 달달샘 김해진 감수

베스트셀러
초등학생을 위한 개념 과학 150
정윤선 지음 | 정주현 감수

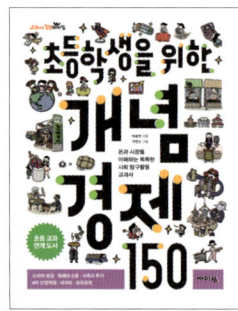
초등학생을 위한 개념 경제 150
박효연 지음 | 구연산 그림

초등학생을 위한 자연과학 365 1학기
자연사학회연합 지음 | 정주현 감수

초등학생을 위한 자연과학 365 2학기
자연사학회연합 지음 | 정주현 감수

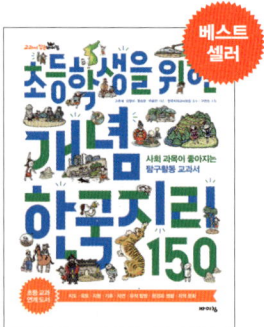
베스트셀러
초등학생을 위한 개념 한국지리 150
고은애 외 지음 | 전국지리교사모임 감수

초등학생을 위한 개념 국어: 고사성어
최지희 지음 | 김도연 그림

초등학생을 위한 교과서 속담 사전
은옥 글·그림 | 전기현 감수

생각이 자라는 어린이책
바이킹

블로그
blog.naver.com/vikingbook

인스타그램
@viking_kidbooks